BIBLIOTHÈQUE
DU THEATRE MODERNE

LA LIBERTÉ
DES THÉATRES

SALMIGONDIS MÊLÉ DE CHANT, EN TROIS ACTES
ET QUATORZE TABLEAUX

PAR

MM. TH. COGNIARD ET CLAIRVILLE

AIRS NOUVEAUX DE MM. LINDHEIM ET HERVÉ
BALLETS RÉGLÉS PAR M. BARREZ; — DÉCORS DE M. ROBECCHI
COSTUMES EXÉCUTÉS PAR M. MANAGE ET M\u1d50\u1d49 GONTIER
MACHINES DE M. FLORENTIN

Représenté pour la première fois, à Paris, sur le théâtre des Variétés,
le 10 août 1864.

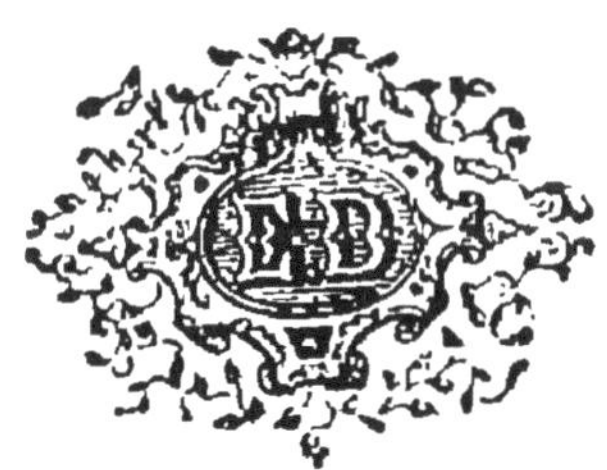

PARIS
E. DENTU, ÉDITEUR
LIBRAIRE DE LA SOCIÉTÉ DES GENS DE LETTRES
PALAIS-ROYAL, 17 ET 19, GALERIE D'ORLÉANS

—

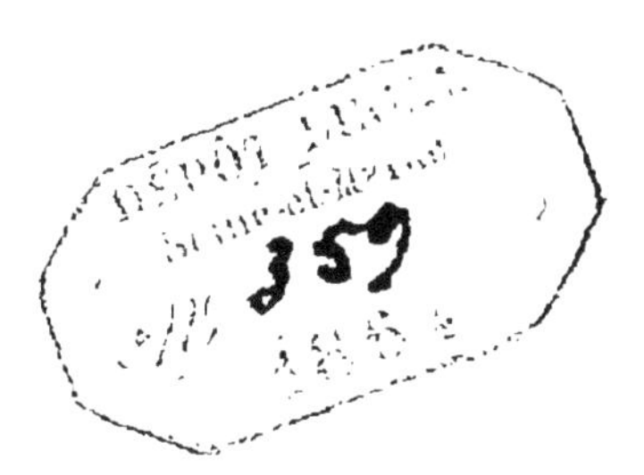

LA LIBERTÉ

DES THÉATRES

Coulommiers. — Typ A. MOUSSIN et Ch. UNSINGER

LA LIBERTÉ
DES THÉATRES

SALMIGONDIS MÊLÉ DE CHANT, EN TROIS ACTES
ET QUATORZE TABLEAUX

PAR

MM. TH. COGNIARD ET CLAIRVILLE

AIRS NOUVEAUX DE MM. LINDHEIM ET HERVÉ
BALLETS RÉGLÉS PAR M. BARREZ; — DÉCORS DE M. ROBECCHI
COSTUMES EXÉCUTÉS PAR M. MARAGE ET Mme GONTIER
MACHINES DE M. FLORENTIN

Représenté pour la première fois, à Paris, sur le théâtre des Variétés,
le 10 août 1864.

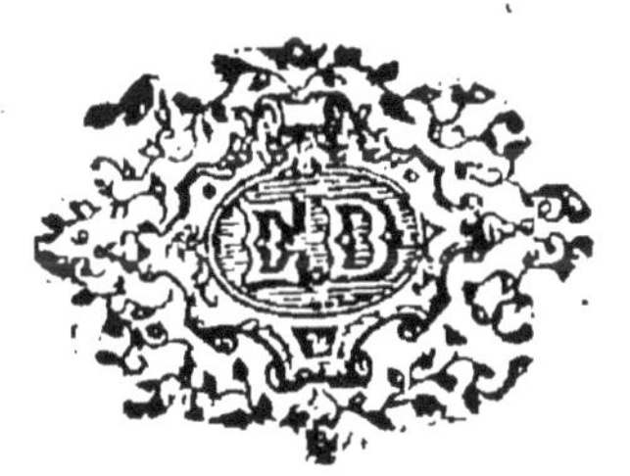

PARIS

E. DENTU, ÉDITEUR

LIBRAIRE DE LA SOCIÉTÉ DES GENS DE LETTRES

PALAIS-ROYAL, 17 ET 19, GALERIE D'ORLÉANS

—

1864

<table>
<tr><td>PERSONNAGES :</td><td>ACTEURS :</td></tr>
<tr><td>FORTENQUILLE, patronnet.</td><td>MM. Dupuis.</td></tr>
<tr><td>GROSPOULOT, restaurateur.
LE GÉNÉRAL FRANÇAIS.</td><td>A. Michel.</td></tr>
<tr><td>DÉSARDOISE.</td><td>Ch. Potier.</td></tr>
<tr><td>DUFOUILLIS, auteur dramatique.</td><td>Grenier.</td></tr>
<tr><td>CARCASSON, pâtissier.</td><td>Couder.</td></tr>
<tr><td>CABOCINI, compositeur.</td><td>Hervé.</td></tr>
<tr><td>DURANDO, basse-taille.</td><td>Ch. Blondelet.</td></tr>
<tr><td>BRIOLET, dit BLONDIN.
DEUXIÈME GÉNÉRAL.</td><td>A. Guyon.</td></tr>
<tr><td>VALANCOURT, 1er ténor.</td><td>Hittemans.</td></tr>
<tr><td>SAINT-EUGÈNE, 1er rôle de drame.</td><td>Pastelot.</td></tr>
<tr><td>GODARD.</td><td>Delière.</td></tr>
<tr><td>BAPTISTE, garçon de café.</td><td>Hamburger.</td></tr>
<tr><td>DARTIMONT, directeur.
BAZILE.</td><td>Andof.</td></tr>
<tr><td>FRACASSÉ, régisseur.</td><td>Videix.</td></tr>
<tr><td>DESTIVAL, directeur.</td><td>Lemare.</td></tr>
<tr><td>UN TAMBOUR-MAJOR</td><td>Halberg.</td></tr>
<tr><td>UN PAYSAN.</td><td>Bénédick.</td></tr>
<tr><td>UN COMMISSIONNAIRE.</td><td>Théodoré.</td></tr>
<tr><td>UN MONSIEUR.</td><td>Albert.</td></tr>
<tr><td>VÉSINET, directeur.
UN CHEF-MACHINISTE.</td><td>Royer.</td></tr>
<tr><td>UN MACHINISTE.</td><td>Mileau.</td></tr>
<tr><td>UN GARÇON DE THÉATRE.
UNE VIVANDIÈRE.</td><td>Armand.</td></tr>
<tr><td>MADAME DUBROCHET, ex-danseuse.</td><td>Mlles Aline Duval.</td></tr>
<tr><td>MOUSSELINE, artiste dramatique.</td><td>G. Vernet.</td></tr>
<tr><td>CIDALYSE, dlle de comptoir chez Carcasson.</td><td>Silly.</td></tr>
<tr><td>ROSALIE, 1re Dugazon de vaudeville.</td><td>C. Renault.</td></tr>
<tr><td>HÉLOISE, élève du Conservatoire.
L'AMOUR.</td><td>Julia H.</td></tr>
<tr><td>LA TOLOSA.</td><td>Rose Mayer.</td></tr>
<tr><td>LA MOLINERA.
UN GÉNIE.</td><td>Alice.</td></tr>
<tr><td>MADAME GODARD.</td><td>Thérèse.</td></tr>
<tr><td>ÉLODIE, garçon-ouvreuse.</td><td>Gabrielle.</td></tr>
<tr><td>JULIE, garçon-ouvreuse.</td><td>A. Letessier.</td></tr>
<tr><td>GISELLE, danseuse, fille de Mme Dubrochet.</td><td>Frédérique.</td></tr>
<tr><td>UNE DAME.</td><td>Léonie.</td></tr>
<tr><td>CLORINDE, garçon-ouvreuse.</td><td>Béatrix.</td></tr>
<tr><td>DEUXIÈME DAME.</td><td>Louise.</td></tr>
</table>

Patronnets, Garçons-Ouvreuses, Spectateurs, Paysans, Paysannes, Choristes
Musiciens, Nymphes, Machinistes, Soldats français, Soldats allemands.

DANSE. — Mlles Marmet, Frédérique, E. Moyse, Maile, Sarah
Morris, Maria Morris, Rosalie, Rossi, Evélina, Juliette B.,
Zombach, Lawton, Damande.

Au huitième tableau, LES PUPAZZI, exécutés et peint   par
M. Lemercier de Neuville.

LA LIBERTÉ
DES THÉATRES

ACTE PREMIER

Premier Tableau.

Une boutique de pâtissier. — Porte au fond et portes latérales. — Deux comptoirs. — Chaises.

SCÈNE PREMIÈRE

CARCASSON, il entre par la gauche, comme absorbé dans ses réflexions, s'approche de la rampe et dit :

Je ne sais pas si le gouvernement fait attention à cela... aujourd'hui, presque tous les marchands et boutiquiers ont fait leurs classes. Par exemple moi qui suis pâtissier, j'ai obtenu un second prix de version grecque au collège Charlemagne. Cela m'avait donné des goûts littéraires, que mes parents ont contrariés. J'ai donc passé ma vie à faire d'indignes boulettes, alors que mes aspirations me portaient à faire des Tragédies. Enrichi par la brioche, et possesseur rue du Four de vastes terrains, je tressaillis quand j'entendis sonner l'heure de la liberté des Théâtres, je construisis une armée de maçons dans ma propriété, et à l'heure où je parle un théâtre nouveau, vaste, gigantesque, payé de mes deniers, s'élève majestueusement sur mes terrains de la rue du Four. Malheureusement, la liberté a cela de mauvais, que lorsqu'une personne est libre, toutes les autres le sont aussi.

Mon voisin Berlandier, l'épicier qui demeure à ma droite,
et qui a obtenu un accessit en mathématiques au collége
Bonaparte, et mon autre voisin Paturon, le bonnetier, qui
se trouve à ma gauche, et qui est à la tête d'un diplôme de
bachelier, ont eu la même idée que moi, si bien qu'aujour-
d'hui, ce n'est plus un théâtre, mais trois théâtres qui se pa-
vanent rue du Four! Il en résulte que tous les acteurs que je
veux engager, sont engagés par mes voisins ; que si je com-
mande une pièce à quelqu'auteur célèbre, ils me la chipe
à prix d'or. Ce n'est pas ainsi que je comprenais la liberté.

Air : Vaud. de l'Héritière.

> Amoureux des plaisirs folâtres,
> Guidé par un désir ardent,
> De la liberté des théâtres
> Je fus le zélé partisan ;
> Mais hélas ! je vois à présent
> Quels destins vont être les nôtres...
> Quand la liberté me charmait,
> Je comprenais qu'on défendrait aux autres
> Tout ce que l'on me permettrait (bis).

(Souriant et se frottant les mains,) heureusement ! heureusement,
j'ai su conjurer l'orage, j'ai créé de nouveaux acteurs, que
j'ai puisés dans la pâtisserie. Cela peut paraître étrange, et
en effet, ce l'est... mais je m'applaudis de mon audace, et je
suis sûr qu'on les applaudira aussi.

FORTENQUILLE, au dehors.

Il est à la boutique... très-bien.

CARCASSON.

Justemement en voici un.

SCÈNE II

CARCASSON, FORTENQUILLE, entrant par le fond.

(Fortenquille arrive avec une grande manne sur sa tête et plusieurs pa-
piers dans les mains et dans ses poches. Il dépose sa manne sur un
guéridon, et présente, tour à tour, tous les objets dont il parle :)

FORTENQUILLE.

Patron, je vous cherchais... voici les affiches et les feuilletés,
les prospectus et les petits fours, le manuscrit de votre grand
drame et le gâteau de plomb.

CARCASSON, saisissant le manuscrit.

Ah ! je le tiens!.. Enfin ! Il ne m'échappera pas celui-là !

Il est vrai que cette fois, je ne me suis pas adressé à des faiseurs célèbres... pas si bête! non, ce drame est le premier ouvrage d'un jeune garçon boucher qui a fait sa cinquième à Henri IV....

FORTENQUILLE.

Et aux abattoirs...

CARCASSON.

Et aux abattoirs, oui, ce qui m'explique pourquoi son drame est palpitant.

FORTENQUILLE.

Ah! patron!.. quelle belle scène, que celle où la jeune fille assomme le traître, qui veut la déshonorer !

CARCASSON.

Voilà pourtant un jeune auteur que tous les ex-directeurs de Paris ont refusé !

FORTENQUILLE.

Les crétins !

CARCASSON.

Eh bien moi, je le jouerai ce jeune boucher incompris.

FORTENQUILLE.

Et l'on vous en saura gré, patron, car il vous a donné un drame de première catégorie... qui procurera de la réjouissance au public.

CARCASSON.

Fortenquille, l'heure n'a pas encore sonné, où le public se rue dans cette boutique, pour y dévorer mes gâteaux... donne à mes patronnets le signal convenu.

FORTENQUILLE.

V'là que j'y vas, patron.

CARCASSON, à part.

V'là que j'y vas !.. en voilà un qui n'a pas moisi au collége... ça ne l'empêche pas de jouer comme un ange les grands seigneurs d'autrefois... au contraire.

FORTENQUILLE, qui a ouvert au milieu du théâtre un judas qui correspond aux cuisines.

Brrrrrrrrrout, Pichouit !

VOIX DANS LE DESSOUS.

Brrrrrrrrrout, Pichouit !

CARCASSON.

Avant la liberté des théâtres, je sifflais mes patronnets pour les appeler, mais depuis que je les transforme en acteurs, je craindrais de les humilier.

FORTENQUILLE.

Voilà toute la troupe qu'arrive.

SCÈNE III

LES MÊMES, PATRONNETS ET MITRONS DE TOUTES TAILLES.
Ils entrent par la droite.

CHOEUR.

Air *de la Tarentelle de la Muette.*

Vite, accourons,
Patronnets et mitrons,
Marmitons,
Accourons,
Le patron nous demande;
Que l'on se rende
Aux ordres du patron,
Qui répond
Au grand nom
Du fameux Carcasson.

CARCASSON.
Ils ne seront jamais tristes,
En faisant ces deux métiers.

FORTENQUILLE.
Gloire aux pâtissiers artistes,
Aux artistes pâtissiers!

CHOEUR-REPRISE.

Vite, accourons, etc.

(Pendant le chœur, Fortenquille qui s'est mis à la tête des autres fait le tour du théâtre, suivi par tous les mitrons qui marchent un à un à sa suite, et par rang de taille, le dernier mitron est tout petit.)

CARCASSON.

Rompez-les rangs!.. mes chers camarades, c'est dans trois jours que s'ouvrent les portes de mon grand théâtre. Voici mes prospectus, voici nos affiches, il n'y a donc plus à s'en dédire.

TOUS LES PATRONNETS, en sautant de joie en place.
Bravo!

CARCASSON.
Mais, me direz-vous, si tu ouvres ton théâtre...

FORTENQUILLE.
Oui, si tu ouvres ton théâtre...

CARCASSON, sévèrement.

Fortenquille, je me tutoie parce que c'est moi qui me parle, mais je te défends de m'imiter; Imite M. Melingue, mais ne m'imite pas... je poursuis : si tu ouvres ton théâtre dans les trois jours, me direz-vous, pourquoi ne fermes-tu pas ta boutique incontinent?.. vous comprenez bien que je me suis déjà adressé cette question...

FORTENQUILLE.

Et peut-on savoir ce que vous vous êtes répondu ?

CARCASSON.

Oui, je me suis répondu : mais Carcasson, si tu n'étais plus que Directeur, après n'avoir été que pâtissier, le progrès serait un vain mot... Le monde dirait : il était pâtissier, le voilà Directeur, n'en parlons plus... mais quelle gloire pour moi si je parviens à faire dire : Il est pâtissier-Directeur ou Directeur-pâtissier... Il nourrit le corps et l'esprit... *Panem et Circenses*, les deux choses jugées par les Romains les plus utiles au bonheur des humains.

FORTENQUILLE.

Continue, poète, tu m'enivres !.. (A ses camarades.) Est-ce tapé, ça !.. Panem et ciné censés...

CARCASSON.

Circences... Ecoutez mon flan... (Se reprenant.) Mon plan : à dater de cé jour, ma demoiselle de comptoir... ah ça, où donc est-elle ?

FORTENQUILLE.

Elle est dans sa chambre où elle s'étudie à vibrrrer... Elle m'a dit : Fortenquille, si notre Directeur me demande, tu lui diras que je vibrrrre... parce que sans la vibrrrration, il n'y a pas de trrrragédie possible.

CARCASSON.

Très-bien ! qu'on ne la dérange pas... Je n'ai plus qu'à placer ces prospectus sur les comptoirs... (Il les met.) Cidalyse enveloppera chaque gâteau dans un prospectus, et à partir du jour de l'ouverture, chaque gâteau donnera droit à un billet de spectacle : — Dans les biscuits de Savoie et les croque-en bouche, on trouvera une première loge ; Dans les simples tourtes, vol-au-vents ou savarins, orchestres et galeries ; Dans les madeleines, Plumpuddings et babas, Parterres et Amphithéâtres... Enfin le flan et la pâte ferme conduiront au paradis.

TOUS.

Bravo ! bravo !

CARCASSON.

Le spectacle sera joué par mes pâtissiers et ma pâtisserie faite par mes acteurs.

FORTENQUILLE.

Quel triomphe ! patron, quel triomphe !

Air *Je vais bientôt quitter l'Empire.*

Les uns, comm'ça, feront passer les autres ;
Quand je jouerai mon rôle d'amoureux,
De mes succès, qui deviendront les vôtres,
Je serai fier à deux titres, oui deux,
Car par deux fois, j'aurai fait de mon mieux,
Si, grâce à nous, la foule est satisfaite,
Si le public dit que c'est excellent,
Qu'importe alors qu'il le dise en parlant
Ou de l'acteur ou de la tartelette...
Il goûtera deux fois notre talent (*bis*).

CARCASSON, à part.

Ce grand garçon est bête, mais il a de l'esprit. (Haut) voyons-
voyons, occupons-nous de la pièce d'ouverture... *Messaouda
ou la vierge du Sahara...* répète-moi la scène du second
acte, celle où l'on a fait des changements...

FORTENQUILLE.

La grande scène d'amour ? mais je ne peux pas être amou
reux sans mon amoureuse... Je vas appeler Cidalyse.

CARCASSON.

Non, laisse-la vibrer... Je vais la remplacer, je sais la pièce
par cœur.

FORTENQUILLE.

Alors, c'est vous qu'êtes Messaouda ?

CARCASSON.

Et toi le jeune général amoureux de la fille du désert.

FORTENQUILLE.

Attendez que je me mette dans la situation... J'ai entr'a-
perçu la belle Messaouda, un soir qu'elle se baignait dans un
torrent écumeux, au milieu de la forêt... Et je m'écrie : ah !
qu'elle est splendide ! ah ! qu'elle est splendide !

CARCASSON.

Cette exclamation attire l'attention de l'Africaine qui s'é-
crie en jetant un burnous sur ses épaules... (Cidalyse, drapée
dans un burnous, entre par la gauche.)

SCÈNE IV

LES MÊMES, CIDALYSE.

CIDALYSE, elle récite son rôle.

Ciel ! un français ! un rumoi ! Par Allah ! c'est lui !..

CARCASSON.

Elle était à sa réplique.

FORTENQUILLE.

Oh ! reste... ne me fuis pas... Messaouda, ne me fuis pas !

CIDALYSE.

Te fuir... ingrat, mais depuis trois lunes, je t'ai suivi.

FORTENQUILLE.

Qu'ai-je entendu !... Elle m'a suivi...

CIDALYSE.

Depuis le Tell...

FORTENQUILLE.

Que dit-elle ?

CIDALYSE.

Jusqu'au désert.... oh ! ne cherche point à te rappeler... Tu
ne me connais pas, tu ne m'as jamais vue... mais soûviens-
toi d'un Arabe de la tribu des Touaregs, qui s'élançant à la
voix de son chef, et précipité dans la poussière par son cour-
sier mourant, vint tomber à tes pieds à la bataille d'El-aoussa.

FORTENQUILLE.

Où ça ?...

CIDALYSE.

Ses compagnons avaient fui, lui seul entouré d'ennemis
n'attendait qu'un signal de leur chef, pour recevoir le coup
du lapin.

FORTENQUILLE, étonné.

Du lapin ?...

CARCASSON.

Il n'y a pas ça !

CIDALYSE, se reprenant.

Non ! le coup du trépas. Ce chef ne donna pas le signal...
Il tendit la main à l'Arabe renversé, et lui fit grâce de la vie...
ce chef, c'était toi, cette main tendue au courage malheu-
reux, c'était ta main et cet Arabe que tu pouvais immoler...

FORTENQUILLE, haletant.

Hé bien ?..

CIDALYSE.

C'était mon père !.. Général Ernest, je vous aime !

TOUS.

Bravo !

CARCASSON.

Comme c'est écrit !

FORTENQUILLE, déclamant jusqu'aux indications de son rôle.

L'ai-je entendu !... se jetant à ses pieds... se peut-il ?...
avec transport... tu m'aimes ! tremolo à l'orchestre.

CARCASSON.

Mais non, mais non... tu ne dois pas dire : se jetant à ses
pieds, ni avec transport, ni tremolo à l'orchestre. Ce sont des
indications de l'auteur.

FORTENQUILLE.

De quoi... je ne dois pas dire !... c'est sur mon rôle...

CARCASSON.

Entre parenthèse.

FORTENQUILLE.

Qui ça !... Parenthèse ?

CARCASSON.

Je te dis : entre parenthèse.

FORTENQUILLE.

Eh bien, qu'il entre ; c'est donc un nouveau personnage ?

CARCASSON.

Mais non, brute... Se jetant à ses pieds, ça veut dire qu'il faut t'y jeter... avec transport, ça veut dire que tu dois parler avec âme, avec feu... Tremolo à l'orchestre...

FORTENQUILLE.

Ah bon ! ah ! bien !.. je saisis. (Recommençant.) L'ai-je entendu ! Et je m'agenouille comme ça ?.. Tu m'aimes ! et c'est là qu'il faut du transport. — Va Cidalyse.

CIDALYSE.

Ah, bien, oui... Mais moi, je n'en ai plus de transport. J'étais montée... et je n'y suis plus du tout.

CARCASSON, qui a tiré sa montre.

Elle a raison... ménagez-vous pour la répétition, c'est l'heure où les pratiques vont se précipiter sur les petits pâtés... (Aux mitrons) qu'on me suive aux fourneaux, et vous, Cidalyse ou plutôt Messaouda, au comptoir ! (A lui-même.) *Messaouda, ou la vierge du Sahara*, quel titre !

Air : *Il faut sans plus attendre*

Quand on verra la belle
Messaouda du Sahara,
Quelle vogue nouvelle
Ici Messaouda
Aura

REPRISE ENSEMBLE.
Quand on verra la belle
Messaouda du Sahara,
Quelle vogue nouvelle
Ici Messaouda
Aura !

(Carcasson et les patronnets sortent par la droite. — Le dernier qui est tout petit sort le dernier après avoir donné un coup de pied et fait un pied de nez à Fortenquille.)

FORTENQUILLE.

En voilà un qui veut me prendre mon rôle !

SCÈNE V

FORTENQUILLE, CIDALYSE, puis UNE DAME, puis UN MONSIEUR.

FORTENQUILLE.
Descendre des hauteurs de la littérature aux détails mesquins de la pâtisserie... Ah! c'est avilissant!

CIDALYSE.
Moi, Messaouda, la Vierge du désert, m'asseoir dans un comptoir!.. offrir des choux glacés, rendre de la monnaie aux bourgeois, alors qu'on descend des Ben Omar!

FORTENQUILLE.
Et moi, le général Ernest, confectionner des gorenflots, et des gâteaux polka, alors que je sens sur mes épaules frissonner la graine d'épinards!

CIDALYSE avec mystère.
Oh! non, non, c'est impossible! Ecoute, Fortenquille..... si tu trouvais une place où tu n'aurais qu'à jouer la comédie, cela t'irait-il?

FORTENQUILLE, vivement.
Ah! ma fortune pour un théâtre, mon royaume pour un bouis-bouis!

CIDALYSE.
Plus bas... j'ai ton affaire... Un Directeur nouveau m'a fait des propositions, il avait besoin aussi d'un amoureux et j'ai parlé de toi...

FORTENQUILLE.
Vrai?

CIDALYSE.
J'attends la réponse... mais elle n'est pas douteuse, tous les théâtres manquent d'artistes. Jusque-là, occupons-nous de notre mélodrame. (Elle va s'asseoir au comptoir de droite.)

FORTENQUILLE.
Tu as raison, l'art ne doit pas souffrir de nos tourments domestiques. (Il va s'asseoir à gauche à côté du comptoir, et étudie son rôle.)

CIDALYSE, au comptoir saupoudrant une tarte, et répétant à mi-voix.
Tu me tiens captive, farouche Ben-Djalma, mais n'espère pas me séduire, j'ai pour moi l'amour d'Ernest et le yatagan de mon père.

FORTENQUILLE, de son côté.
Quel est cette femme? quel est ce breuvage qu'elle me présente? vous voulez que je le boive.

UNE DAME, entrant par le fond et s'adressant à Cidalyse.
Combien ce gâteau?..

FORTENQUILLE, continuant son rôle.

Il est empoisonné, madame !!!..

LA DAME, se retournant et se sauvant.

Empoisonné... juste ciel !..

FORTENQUILLE, se retournant aussi, et se levant.

Hein !.. quoi !.. mais non, mais non...

CIDALYSE, riant.

Ah ! ah ! ah ! ah ! voilà ce que c'est que de nous faire faire deux choses à la fois.

FORTENQUILLE.

Ah ! tant pis ! Je suis lancé dans ma grande scène. (Prenant un rouleau de pâtisserie.) Perfide Ben Djalma, tu as voulu me faire empoisonner par ton esclave.

UN MONSIEUR, entrant par le fond, et allant au comptoir de gauche.

Avez-vous des petits macaronis bien chauds?

FORTENQUILLE, qui ne l'écoute pas.

Meurs donc ! (Il assène un coup de son rouleau sur le chapeau du monsieur.)

LE MONSIEUR, beuglant dans son chapeau enfoncé.

A l'assassin !... au secours !. à la garde !... (Fortenquille court à lui, le fait assoir à gauche et cherche à lui retirer son chapeau.)

FINALE.

Air : *Nouveau* de M. Lindheim.

FORTENQUILLE.
Ah ! sapristi ! qu'est-ce que j'ai fait ?
Je n'y prenais pas garde.
CIDALYSE.
Dieu quel effet, cett' scène a fait !
Vraiment, c'est trop d'effet !

SCÈNE VI

LES MÊMES, CARCASSON, PATRONNETS, puis un COMMIS-SIONNAIRE.

CARCASSON, entrant par la droite, suivi de ses patronnets.

Suite de l'air.

Qu'arrive-t-il ? quel est ce bruit ?
Qui donc crie : à la garde ?
Q'arrive-t'il quel est ce bruit,
Ce bruit qui m'étourdit ?
M'expliquera-t-on ce mystère?

LE MONSIEUR, qui est parvenu à relever son chapeau que Fortenquille
lui avait enfoncé sur les yeux, se levant.
Le mystère, oui, le voici...
Je m'en vais dire au commissaire
Comme on sert des gâteaux ici...
(Il sort furieux par le fond.)

CARCASSON.
Non, rien n'égale ma surprise.

UN COMMISSIONNAIRE, entrant par le fond, une grande lettre à la
main.
Mademoiselle Cidalyse...

CIDALYSE, prenant la lettre et l'ouvrant.
Ah ! bon, voilà ce que j'attends...
O bonheur ! deux engagements !

CARCASSON et FORTENQUILLE.
Deux engagements ?...
(Fortenquille va à Cidalyse.)

CIDALYSE.
Bonne affaire !
En blanc tous deux...
(Elle en donne un à Fortenquille.)
Voilà pour toi.

CARCASSON.
Pour lui !...

FORTENQUILLE.
Pour moi !

CIDALYSE, et FORTENQUILLE.
Nous vous quittons, car je le vois,
On ne peut faire
Deux choses à la fois.

CARCASSON.
Qu'ai-je entendu ? vous me quittez ?...

FORTENQUILLE, et CIDALYSE.
Nous vous quittons...

CARCASSON, les ramenant.
Ciel ! arrêtez !...

ENSEMBLE.

FORTENQUILLE, et CIDALYSE.
On nous attend, la gloire nous appelle !
A nos talents elle a recours ;
Et, désormais, à la gloire fidèle,
Je veux lui consacrer mes jours.

CARCASSON et LES PATRONNETS.
Ils vont partir : la gloire les appelle !
A { ma / sa } douleur ils restent sourds.

Lorsque { chez moi / chez lui } la fortune fidèle.
Leur préparait les plus beaux jours !

CIDALYSE.
Adieu comptoir et boutique chérie...

FORTENQUILLE.
Adieu gâteaux, dont je goûtais un peu...

ENSEMBLE.

Douce et bonne pâtisserie
Adieu ! adieu ! adieu !
(Ils sortent par le fond.)

CARCASSON, qui était tombé sur une chaise, se relevant.
(Parlé.) Ils s'éloignent !... ils me quittent... mes amis, cou-
rons !

ENSEMBLE.

LES MARMITONS.
Partons, partons, partons,
Sur sa nouvelle scène
Oui, s'il faut qu'on les traîne,
Mitrons et marmitons,
Nous les y traînerons.

CARCASSON.
Partons, partons, partons,
Sur ma nouvelle scène
Oui, s'il faut qu'on les traîne,
Mitrons et marmitons,
Nous les y traînerons !
(Ils sortent tous par le fond, Carcasson en tête.)

Deuxième Tableau.

Le théâtre représente un Jardin de Café. — Comptoir au fond,
tables, chaises. — Au fond, près du comptoir, trois tonneaux.

SCÈNE PREMIÈRE

BAPTISTE, puis CARCASSON, Baptiste prépare et essuie les
tables et chaises.

BAPTISTE.
Voilà tout en place..... et messieurs les comédiens peuvent
venir quand ils voudront. Ça me va, moi, de servir dans un

café où viennent les comédiens de la province, ils sont si gais, si farceurs... ajoutez qu'il y vient aussi des comédiennes.... ô Dieu! les actrices, je serais heureux de passer ma vie à les servir!

CARCASSON, entrant tout haletant par la gauche.

Impossible de les retrouver!... ouf!.. je suis brisé, rompu, j'en aurai une attaque!... Des artistes élevés à la brochette par moi, me quitter pour aller jouer où? dans un théâtre restaurant!... C'est un monsieur Grospoulot, un gargotier, qui me les enlève!... Ah! la vie est pleine d'ombre et de déceptions! (Il s'assied à une table à droite.)

BAPTISTE.

Que faut-il servir à Monsieur?...

CARCASSON.

Un bock, du punch, du vermuth, une absinthe, ça m'est égal. (Il s'assied à une table à droite.)

BAPTISTE.

Diantre! monsieur est en fonds.... Monsieur dit être un ténor pour le moins.

CARCASSON.

Qu'est-ce que tu chantes?

BAPTISTE.

C'est que moi qui vous parle, monsieur, je reconnais les emplois à la dépense que font les artistes.

CARCASSON.

Les artistes.... que veux-tu dire?

BAPTISTE.

Je parie cent sous que Monsieur est comédien.

CARCASSON.

Je suis Directeur pour mon malheur!

BAPTISTE.

Comment, monsieur, vous seriez?... alors, Monsieur vient pour la Bourse des comédiens?

CARCASSON.

La Bourse des comédiens?

BAPTISTE.

Comment, Monsieur ne sait pas?... mais oui, plusieurs Directeurs des nouveaux théâtres doivent se rendre ici, où les comédiens, qui sont en hausse, sont assurés de fortes primes et où ceux, que sont en baisse, seront exécutés fin courant.

CARCASSON.

Il n'y a pas un instant à perdre... Donne-moi de quoi écrire... (A lui même) Oui, je veux leur offrir 100 francs, 200 fr. de plus par mois s'il le faut...

BAPTISTE, montrant la droite.

Si Monsieur veut entrer là dans la salle de billard, on n'y joue pas et il sera moins dérangé qu'ici !

CARCASSON, se levant.

Très bien... sers-moi tout de suite un vermouth et du papier, ou une absinthe avec des pains à cacheter. (Il entre à droite, Baptiste va pour le suivre.)

SCÈNE II

BAPTISTE, puis VALANCOUR.

VALANCOUR, en dehors chantant.

O Mathilde ! idole de mon âme !...

BAPTISTE, regardant à gauche.

C'est M. Valancour, notre premier ténor, un homme que le ciel lui a donné la voix d'un ange ! Servons le Directeur d'abord... (Il entre à droite, au moment où Valancour entre en scène par la gauche.)

SCÈNE III

VALANCOUR, puis BAPTISTE, puis SAINT-EUGÈNE, puis DURANDO.

VALANCOUR, (continuant l'air.)

Il faut donc vaincre ma flamme.

(Appelant) GARÇON ! (reprenant l'air.)

O ma patrie !

(Criant) Une bavaroise !...

BAPTISTE, du dehors.

Voilà ! Voilà !...

VALANCOUR.

Mon cœur le sacrifie....
Et mon amour et mes serments...

(Criant.) Ah ça ! viendras-tu, animal ?...

BAPTISTE, entrant par la droite.

Vous allez vous abîmer le spharinx et puis vous serez enroué...

VALANCOUR, riant.

Mon spharinx !.. Baptiste, tu devrais faire des conférences littéraires.

BAPTISTE.

Mon ambition, monsieur, est de devenir acteur.

VALANCOUR.

Oui ! eh bien ! en attendant, va me chercher ma bavaroise.

BAPTISTE.

Oui, monsieur. (Il sort par la droite et rentre un peu après, en apportant la bavaroise.)

SAINT-EUGÈNE, entrant par la gauche et déclamant.

Que vois-je là-bas, sur les remparts ? c'est mon ami, mon frère d'armes...

VALANCOUR.

Saint-Eugène ! (Ils se donnent la main.)

SAINT-EUGÈNE.

Retour de Marseille et toi ?

VALANCOUR.

J'arrive de Bordeaux... Et tu es content ?

SAINT-EUGÈNE.

Ne m'en parle pas, mon cher, victoires sur victoires ! ma représentation d'adieux a été un véritable triomphe... redemandé trois fois, dans la prière des naufragés.

VALANCOUR.

Absolument comme moi dans le Trouvère.

Air *du petit courrier*.

J'avais épuisé les bravos,
On m'adorait, je te le jure,
Quand je voulus, pour ma clôture,
Jouer le Trouvère à Bordeaux.
De fleurs toute la salle entière
M'a littéralement couvert,
A tel point qu'après le Trouvère,
On n'a pas pu me retrou*ver*.

SAINT-EUGÈNE.

Joli !.. joli !..

VALANCOUR.

Et toi aussi, tu viens faire les délices de la capitale ?

SAINT-EUGÈNE.

Il est certain qu'avec l'accroissement des théâtres, nous allons y devenir indispensables... (Durando paraît au fond, venant de la gauche.)

VALANCOUR.

On va écrémer la province....

DURANDO, descendant.

De la crème, monsieur, voilà, voilà !.. (Chantant.)

Pan, pan, pan, pan...

(Il a une voix très-enrouée.)

VALANCOUR.

Durando !

SAINT-EUGÈNE.

Notre basse taille !..

DURANDO.

Basse taille et Baryton au besoin... Durand pour les amis, Durando pour l'affiche... (Chantant.)

Pan, pan, pan, pan...

VALANCOUR.

Comme ça sort !..

DURANDO.

C'est un creux du midi... (Lui donnant la main.) Ça va bien ?.. Enchanté... moi de même...

VALANCOUR.

Tu arrives de Toulouse ?..

DURANDO.

De Toulouse et de Colmar où j'ai moissonné des bottes de lauriers... Aimez-vous le laurier ? on m'en a mis partout... qui est-ce qu'en veut ? j'en ai de trop... (Il passe à gauche.)

SAINT-EUGÈNE, bas à Valancour.

Mais, il a été atrocement sifflé à Toulouse...

DURANDO.

Qu'est-ce que tu marmottes, toi, là-bas ?

VALANCOUR.

C'est qu'on nous avait écrit qu'à Toulouse...

DURANDO.

Ah bon, ah bien, vous avez entendu parler de cette histoire-là... c'est très-drôle !.. figurez-vous qu'un amateur, qui prétendait savoir par cœur toute la musique de Robert le Diable, avait parié d'accompagner tous mes airs en sifflant... elle était bien bonne celle-là !

SAINT-EUGÈNE.

Et il paraît que toute la salle t'accompagnait de la même manière...

DURANDO.

Oui, pour taquiner la direction dont ils ne voulaient plus ; ils sifflaient jusqu'à mes points d'orgue, alors j'ai dit au Directeur : votre public m'adore, mais ça m'ennuie que vous ayez des ennemis qui sifflent toujours pendant que je chante...

je veux m'en aller.... Le Directeur était attéré, il me sup-
pliait de rester, mais j'ai préféré aller finir la saison à Colmar.

SAINT-EUGÈNE.

Alors tu nous parles des lauriers de Colmar?

DURANDO.

Mon Dieu, oui... Et puis, faut-il vous l'avouer, j'ai des
pourparlers avec l'Académie Impériale de Paris... Mais dis
donc, Valancour, toi qui parles de sifflet, est-ce que c'est vrai
qu'à Besançon on t'a reconduit avec cet instrument jusqu'à
la gare du chemin de fer?

VALANCOUR.

Ah! que c'est bête! ah! ben, non, il ne faut pas me la
faire celle-là...

SAINT-EUGÈNE.

Voyons, sois franc, il n'y a pas de sifflet sans fumée?...

VALANCOUR.

Non! voilà ce que c'est : j'ai rompu juste le jour de
l'ouverture de la chasse, de sorte qu'en allant à la gare,
je me suis rencontré avec une foule de chasseurs qui appe-
laient leurs chiens, et les bons petits camarades ont profité
de ça, pour faire des cancans... mais je ne la trouve pas
drôle.

DURANDO.

Laisse-les dire... nous avons nos diamants. (Chantant.)

> Il faut me céder ta maîtresse
> Et renoncer à ton amour.

VALANCOUR.

> Moi, renoncer à sa tendresse!...
> J'aimerais mieux perdre le jour!

DURANDO.

> Alors, c'est, suivant la coutume,
> Le sabre qui décidera.

VALANCOUR.

> Ah! grands Dieux!

DURANDO, parlé.

Très-bien!.. (Lui donnant la main.) Nous avons toujours nos
diamants! (Ils remontent.)

SCÈNE IV

LES MÊMES, GISELLE et MADAME DUBROCHET.

MADAME DUBROCHET, entrant par la gauche avec Giselle.

Peut-on entrer? Bonjour, tout le monde!

VALANCOUR.

Giselle ! notre charmante danseuse !

GISELLE.

Ça va bien, monsieur Valancour ?

SAINT-EUGÈNE.

Et sa respectable maman !...

MADAME DUBROCHET.

Saint-Eugène !.. Durando ! Ah ! mes enfants, que c'est bon de se retrouver !

DURANDO.

Salut à la famille Terpsichore.

VALANCOUR.

Je vous croyais à Lyon ?

MADAME DUBROCHET.

Lyon voulait nous avoir, mais la danseuse est beaucoup demandée sur la place de Paris et nous voilà. Qu'est-ce que tu m'offres, mon petit ténor ?

VALANCOUR.

Tout ce que tu voudras ! Parlez, faites-vous servir, je paie une tournée.

SAINT-EUGÈNE.

Je prendrai de la bière !... garçon, un moss !...

GISELLE.

Moi, une groseille.

MADAME DUBROCHET.

Moi, un grog Américain... bien corsé !

DURANDO.

Et moi une mauve à la crème !... (Chantant.)

Pan, pan, pan, pan...

BAPTISTE, à part, sans bouger et regardant Giselle.

Elle est piquante, cette danseuse !... J'en palpite !...

VALANCOUR.

Eh bien, garçon ?

BAPTISTE.

Voilà ! voilà ! (Il sort et revient peu après apportant tout ce qu'on a demandé).

MADAME DUBROCHET.

Dites donc, mes enfants, il y a déjà trois théâtres qui nous font des propositions... c'est qu'il est bon que vous saviez que nous avons été criblées de couronnes, cette année...

GISELLE, à Valancour.

Et vous, Valancour ?

VALANCOUR.

Moi, quand je chantais, ma chère, ou m'abimait la figure de bouquets.

MADAME DUBROCHET.

Mais, puisque tu avais tant de succès, pourquoi as-tu quitté celte bonne ville de Bordeaux?

VALANCOUR.

Ce sont les femmes qui en sont cause... je me faisais un tas de querelles avec les maris....

MADAME DUBROCHET.

Quel casse cœur que ce Valancour!... (Soupirant.) Ah! je sais ce que c'est!... j'ai eu mon temps!...

DURANDO.

Je m'en souviens, maman Dubrochet. (Chantonnant, en la regardant.)

Pan, pan, pan, pan...

(A ses camarades.) Dire que cette taille-là passait dans un rond de serviette!

MADAME DUBROCHET.

Ah! oui, j'ai parcouru une belle carrière!...

Air : *D'Hervé.*

J'eus des succès de bon aloi,
J'étais jolie et gracieuse;
Au théâtre, jamais danseuse
Ne fut légère autant que moi.
Quand je montrais ma jambe fine
Et mes charmes encore en fleur,
C'était une rumeur divine,
Un long murmure admirateur!
Mais, obscur bouton printanier
Né loin du soleil des gens riches,
De parents pauvres mais godiches...
J'habitais alors un grenier...
Quand, par amour Terpsichore,
Un hidalgo, riche Espagnol,
Du grenier, que je vois encore,
Me fit descendre à l'entresol.
Depuis lors, dans mille ballets,
Par mes talents, et sans astuces,
A mon char j'enchaînai des Russes,
Des Allemands et des Anglais!
J'ai dansé pendant vingt années,
Et pendant vingt ans, sur ma foi,
Les florins, roubles et guinées
Dansaient gaîment autour de moi,
Parmi les fleurs et les amours
J'ai su mener mon existence,
Vivant les nuits, de préférence,

Pour n'avoir pas de mauvais jours.
Maintenant que je me repose,
Un peu trop ronde pour danser,
Je ne regrette qu'une chose...
Ne pouvoir pas recommencer.
Chacun son règne, c'est la loi
Si je ne suis plus vaporeuse,
Je puis dire : jamais danseuse
Ne fut légère autant que moi !

TOUS.

Bravo, maman Dubrochet !

MADAME DUBROCHET, embrassant sa fille.

Et puis, je me survis dans mon enfant !

SAINT-EUGÈNE, qui a pris un journal venant au milieu.

Ah ! par exemple !... Voilà qui est curieux !...

TOUS.

Quoi donc ?

SAINT-EUGÈNE.

Depuis que la liberté théâtrale est proclamée, on devait s'attendre à voir s'ouvrir de nouvelles salles, n'est-ce-pas ? Eh ! bien, voyez comme les Directeurs de Paris célèbrent ce grand « évènement (Lisant) « *Théâtre Italien* clôture. *Théâtre Ly-* « *rique* clôture, *Théâtre de l'Odéon* clôture, *Théâtre de l'O-* « *péra comique* clôture, *Théâtre des Bouffes parisiens* clôure, « *Théâtre du Luxembourg, Théâtre Beaumarchais* clôture ! »

SCÈNE V

LES MÊMES BRIOLET.

BRIOLET, venant de la gauche.

Et le Théâtre de Blondin, on n'en parle pas ?

TOUS.

Briolet !

BRIOLET.

Briolet... oui... c'est mon nom de Théâtre.... mais mon vrai nom, le nom de mes ancêtres, vous ne le connaissez pas encore, et je l'avais moi-même oublié... je m'appelle Blondin...

TOUS.

Blondin ?..

BRIOLET.

Oui, mes amis, Blondin, rien que cela ! comprenez-vous tout le parti que je peux tirer de ce nom illustre ? j'ai travaillé, et déjà je franchis les trapèzes comme Léotard, les exercices de la mâchoire de fer de l'hippodrôme me sont familiers, j'enlève une barrique avec les dents en portant deux poids de cinq cents à bras tendus.

TOUS, avec incrédulité.

Allons donc!..

BRIOLET.

Vous en doutez?.. où y a-t-il des tonneaux ?

BAPTISTE, montrant ceux qui sont au fond.

Tenez, en voici.

BRIOLET.

Bravo!.. voilà la pose!.. (Il prend une pose avec trois tonneaux ; il en tient un dans ses dents et deux autres à bras tendus.)

DURANDO.

Bigro ! comme on dit en Italiano !

BRIOLET, posant les tonneaux.

J'apprends en ce moment à marcher sur la corde roide les pieds dans des paniers à salade. Dans trois mois, je lâcherai les confidents et les grandes utilités.... je m'élancerai à deux cents mètres au-dessus du sol, et je ferai une omelette au lard, à la hauteur des tours Notre Dame, qui veut de Blondin?.. qui a besoin d'un Blondin?... Demandez, faites-vous servir !

MADAME DUBROCHET.

Le fait est qu'il est fort comme Hercule !

BRIOLET.

Voyons, qui est-ce qui veut que je le porte à bras tendu ?... Tenez, messieurs, je vais jongler avec l'honorable maman Dubrochet.

VALANCOUR.

Vas-y, je chanterai l'air du voyage aérien.

MADAME DUBROCHET, vivement.

Du tout ! je m'y oppose... ça me donnerait le mal de mer.

BRIOLET.

Alors passez-moi votre fille.....

GISELLE.

Par exemple !

BRIOLET.

Voulez-vous que j'enlève Durando sur une chaise ?...

DURANDO.

On ne touche pas aux basses tailles...

BRIOLET.

Viens tout de même. (Il prend une chaise dans ses mains et la maintenant le dossier appuyé sur sa poitrine, il la présente à Durando.)

DURANDO.

Je t'en défie.

BRIOLET.

Ah tu m'en défies?... viens! (Durando saute et s'assied sur la chaise que tient Briolet.)

TOUS.

Bravo!... (Durando descend.)

BRIOLET, posant la chaise.

Et maintenant, offre-moi un petit verre!

DURANDO.

Je t'en offre deux que Valancour paiera.

LE GARÇON.

Deux petits verres au célèbre Blondin! (Il les sort.)

BRIOLET.

A propos, à quelle heure la Bourse des comédiens?

DURANDO.

Dans cinq minutes.

BRIOLET.

C'est ici qu'il faut se montrer fort et adroit... pour moi je suis bien sûr de trouver acheteur... quand on porte cinq cents à bras tendus, je crois qu'on peut jouer Tartuffe, sans se gêner... et avec deux f...

MADAME DUBROCHET.

Je le jouerais, moi!

BAPTISTE.

Moi aussi!

DURANDO, à Briolet.

Tartuffe! Toi?

BRIOLET.

Dame! qui peut le plus peut le moins.

BAPTISTE, s'approchant.

Pardon, monsieur, peux-je fourrer un mot dans votre causerie?

VALANCOUR.

Fourre, mon ami, fourre...

BAPTISTE.

Eh! bien, il y a déjà dans la salle de billard un Directeur qui me paraît très-riche, vu qu'il consomme beaucoup et qu'il m'a donné 20 sous pour boire...

SAINT-EUGÈNE.

Fichtre!

BAPTISTE.

Quand je lui ai appris qu'il était dans un café où se rendaient les comédiens, il a été enchanté... et quand je lui ai dit qu'on allait tenir la Bourse dramatique du consentement des artistes de province et de plusieurs nouveaux Directeurs, il s'est écrié : Bravo ! J'achèterai tout ! (Regardant à droite) Mais je l'entends ! tenez ! le voici.

SCÈNE VI

LES MÊMES, CARCASSON.

CARCASSON, sortant de la maison.

Tenez, garçon, faites porter ces deux lettres... (Il les lui remet.)

BAPTISTE.

Oui, monsieur..... (Il sort par la gauche et rentre un instant après.)

CARCASSON, à part.

Ah ! il va venir, ce Grospoulot ! Je l'attends de pied ferme... ah ! je veux me venger du tour qu'il m'a fait. (Tous les artistes se sont requinqués et, sans avoir l'air d'apercevoir Carcasson, tous essayent de se faire remarquer en passant auprès de lui.

MADAME DUBROCHET.

Voyons, Giselle, fais donc quelques battements, ma chère ; il ne faut pas te rouiller, mon enfant. (Giselle ôte son par-dessus et fait des attitudes. Madame Dubrochet se mouille les sourcils avec prétention et elle chante en regardant Carcasson en coulisse, sur l'air de la grâce Dieu.)

Sylphe léger, par ma fenêtre
Toi qui devais venir ce soir...
Je saurai bien te reconnaître...
Lou, tra la lou, lou tra la la...

CARCASSON à part.

Elle est encore très-bien cette femme-là...

DURANDO, passant devant Carcasson en chantant.

Air : *De Robert le Diable.*

« Nonnes, qui reposez sous cette froide pierre... »

CARCASSON, s'asseyant à gauche.

Beau creux !

SAINT-EUGÈNE, déclamant.

C'était une noble tête de vieillard que j'ai revue bien souvent en province !

VALANCOUR, chantant.

« Viens, gentille dame...
« Viens... ens... »

(Passant devant Carcasson qu'il salue et qui se lève, parlé.) Pardon...
(Continuant l'air.)

Genti... ille dame...
On m'offre à Roterdam
Vingt-cinq mill' francs par an !
BRIOLET, de même,
Et moi j' porte cinq cents !...

(Carcasson paraît être tout étourdi et veut s'asseoir, mais Briolet, qui
veut faire voir sa force, a pris la chaise et la tient horizontalement à
bras tendu, et Carcasson s'assied par terre.)

TOUS.

Ah ! mon Dieu !

VALANCOUR, à Briolet.

Es-tu assez maladroit....

MADAME DUBROCHET, à Carcasson.

Vous seriez-vous fait mal ?..

SAINT-EUGÈNE.

Parbleu !..

CARCASSON, s'efforçant de sourire.

Je ne me suis pas fait de bien.. (A Briolet) ne la recom-
mencez pas.... vous savez... elle est usée...

BRIOLET.

Croyez à tous mes regrets...

SCÈNE VII

LES MÊMES, HÉLOISE et ROSALIE. Elles entrent par la gauche
en se disputant.

HÉLOÏSE.

Je te dis que si !...

ROSALIE.

Je te dis que non !..

HÉLOÏSE.

Tu es folle !

ROSALIE.

Et toi, tu es bête !..

HÉLOÏSE.

Ah ! mais dis donc ?..

GISELLE, les séparant avec une attitude.

Eh bien ! eh bien !.. on se dispute !..

MADAME DUBROCHET.

On se chamaille ?

ROSALIE.

C'est mademoiselle Héloïse qui, sous prétexte qu'elle a étudié le grand répertoire, mécanise le genre actuel.

HÉLOÏSE.

C'est mademoiselle Rosalie qui ose mettre le théâtre moderne au-dessus du théâtre de Molière !

ROSALIE.

Oh ! trop genre Louis XIV, ma chère ! Molière ! toujours Molière ! Voyons, qu'est ce qu'il a donc tant fait ton Molière ?...— Il a fait *Tartuffe*... quoi... et puis après ?...

HÉLOÏSE.

Dites donc, messieurs, est-elle assez réussie,..... hein ?.

ROSALIE.

Puisque, malgré la liberté des Théâtres on ne joue pas autre chose de lui.

HÉLOÏSE.

Pardon... on a repris le *Médecin malgré lui* et le *Dépit amoureux*.

SAINT-EUGÈNE.

Où ça ?

HÉLOÏSE.

Chez Déjazet... et l'*Avare* à la Porte-Saint Martin.

VALANCOUR.

Oui, avec *Norma* et le *Barbier*... car voilà ce théâtre redevenu Grand Opéra... comme sous Louis XVI.

MADAME DUBROCHET, *qui regarde à gauche.*

Mes enfants, je vous annonce M. Grospoulot, le nouveau Directeur-Restaurateur...

CARCASSON, à part.

Grospoulot !... lui !...

BRIOLET.

En voilà un chez qui on ne peut pas mourir de faim !

MADAME DUBROCHET, *regardant toujours.*

Avec trois autres messieurs.

CARCASSON, à part.

D'autres rivaux..... Dissimulons..... (Il se remet à une table à gauche et consomme.)

SCÈNE VIII

LES MÊMES, GROSPOULOT, DARTIMONT, DESTIVAL et VESINET, ils entrent par la gauche.

GROSPOULOT, entrant le premier.

Venez donc, messieurs, c'est ici... (Voyant les artistes) Et le nez, voilà tous nos artistes !... -(Saluant). Mesdames et messieurs, bonjour. (Aux Directeurs.) Ainsi, messieurs, c'est bien convenu...... conurrence loyale. Je suis Directeur, vous êtes Directeurs, nous devons nous faire la guerre pour composer nos troupes, rien de plus naturel..... mais pas de trahisons...

LES TROIS DIRECTEURS.

Bravo ! bravo !.

CARCASSON, à part.

Il fait l'homme vertueux pour les mettre tous dedans...

GROSPOULOT, s'adressant aux acteurs.

Tous les artistes sont prévenus qu'à l'avenir leur talent sera mis à l'enchère...

DARTIMONT.

Il appartiendra au dernier et plus offrant enchérisseur.

SAINT-EUGÈNE.

Mais c'est parfait cela !..

DURANDO.

Ça nous va !

TOUS LES AUTRES.

Ça nous va aussi...

GROSPOULOT.

Il nous faut un huissier priseur...

VALANCOUR.

Qui doit être choisi parmi les comédiens.....

MADAME DUBROCHET.

Un huissier-priseur..... présent !

DARTIMONT.

Une femme ?.....

GROSPOULOT.

Une huissière !...

MADAME DUBROCHET.

Du temps que j'étais danseuse, j'ai vendu quatre fois mes diamants, je connais les *ruses* et coutumes...

GROSPOULOT.

Us...

MADAME DUBROCHET.

Russes, si vous voulez. (Elle va se mettre au comptoir.) Voilà ma tribune ; je vais inscrire les lots à mettre en adjudication, avec les mises à prix exigées par les artistes.... mais il me faut un petit marteau... (Prenant la cuiller à punch.) voià mon marteau !... Allons, venez vous faire inscrire...

CARCASSON.

Bravo !... j'aime beaucoup les luttes au grand jour.

GROSPOULOT, à Carcasson.

Monsieur est artiste ?...

CARCASSON.

Non, monsieur.....

GROSPOULOT.

Directeur aussi peut-être?...

CARCASSON.

On ne sait pas... (Tout le monde s'est assis.)

MADAME DUBROCHET, frappant sur le comptoir avec sa cuiller.

Silence, messieurs.... la bourse est ouverte. Premier lot :
Saint-Eugène, premier rôle de drame, jouant les traîtres au
besoin et sachant le rôle de Tartuffe... Mise à prix : 3,000 fr.
(Saint-Eugène se présente, salue et prend une pose.)

VÉSINET.

1,500 francs....

SAINT-EUGÈNE, offensé.

Oh !... (Tirant des journaux de sa poche.) Si ces messieurs
veulent voir des journaux... *L'Indépendance de Béziers*, *le
Loustic de Carcassonne...*

LES DIRECTEURS.

Non ! non !..,

DESTIVAL.

1,600.

DARTIMONT.

1,700.

GROSPOULOT.

1,800.

CARCASSON.

1,900.

GROSPOULOT à part.

C'est un concurrent !...

MADAME DUBROCHET.

Messieurs, vous n'y pensez pas... Regardez l'objet... voyez
comme c'est conditionné !

VÉSINET.

Oui... mais l'organe ?...

DARTIMONT.

La diction ?...

SAINT-EUGÈNE.

Vous voulez parler des poumons ?... Eh bien, on va vous
en donner un échantillon. (Déclamant une tirade de l'oncle Tom.)
« Ah ! c'est trop !... c'est trop !... femme, j'abaisserai ton au-
« dace, j'humilierai ton orgueil !... Ton mari est libre au Ca-
« nada sous la protection d'une loi étrangère... mais il y a
« des frontières, au delà desquelles cette loi ne peut s'éten-
« dre. Avant peu, la belle, je ferai payer largement les outra-
« ges à ce vil esclave !.. Il saura ce que vaut ma haine et ce

« que pèse mon bras! » (En faisant un grand geste, il donne une calotte à Durando.)

DURANDO.

Aïe !

VALANCOUR.

C'est un fort premier rôle.

VÉSINET.

Deux mille.

DESTIVAL.

Deux mille quatre cents.

DARTIMONT.

Trois mille.

GROSPOULOT.

Trois mille cinq cents.

CARCASSON.

Quatre mille.

MADAME DUBROCHET.

Quatre mille, messieurs!.. personne ne dit mot?... je vais adjuger !

DARTIMONT.

Quatre mille cinq cents.

MADAME DUBROCHET.

Quatre mille cinq cents francs!.. quatre mille cinq cents francs!.. personne ne met au-dessus? adjugé ! (Elle donne un coup de cuiller sur le comptoir... — Saint-Eugène va donner une poignée de main à Dartimont.)

CARCASSON, à part.

Le Grospoulot ne l'a pas... ça suffit à ma vengeance.

MADAME DUBROCHET.

Troisième lot : Mademoiselle Rosalie, emploi des Déjazet une voix et une jambe charmantes, sachant Elmire de Tar tuffe.... quatre mille francs ! (Rosalie s'est approchée.)

GROSPOULOT.

Le physique est fort agréable...

VÉSINET.

Taille charmante.

GROSPOULOT.

Mais nous voudrions entendre l'organe.

ROSALIE.

Rien de plus facile, messieurs.

Air : *d'Hervé.*

Qué malheur!... oh ! la la !
Ah ! ah ! al chôme !

J' viens d'pincer un fier rhûme...
Paraît qu' c'est la coutume
Au bal de l'Opéra.

Dame, à mon numéro
Et près de ma chambrette
Perche un gentil pierrot :
Moi, je fus sa pierrette.
Que d' propos décoll'tés
Sous le masque où l'œil flambe
Que d' jupous écourtés
Pour mieux lever la jambe !...
Qué malheur ! oh ! la la !
Ah ! ah !... atchûme !
J' viens d' pincer un fier rhûme...
Paraît qu' c'est la coutume
Au bal de l'Opéra !

Cette chanson légère
Vaut bien monsieur Molière :
C'est moins vieux,
Plus joyeux !
Ça fait pouffer de rire.
Au public en délire,
Tous les soirs, j'entends dire :
C'est charmant,
Entraînant !
Qu' Molière en fasse autant'
V' lan !

TOUS.

Bravo ! bravo !

GROSPOULOT.

Trois mille.

VÉSINET.

Trois mille cinq cents.

DARTIMONT.

Quatre mille.

CARCASSON.

Quatre mille cinq cents.

DESTIVAL.

Cinq mille.

MADAME DUBROCHET.

Cinq mille.... il y a acquéreur à cinq mille... cinq mille...
pas de regrets, messieurs... pas de regrets... adjugée!... (Elle
frappe) Troisième lot : M. Valancour, premier ténor, l'ut dièze
de Sainte Menehould... mise à prix : quinze mille francs..
c'est pour rien... chantez, Valancour.

VALANCOUR, s'approchant.

Vous voulez l'ut-dièze?.. Eh bien, j'y arrive. (Chantant.)

Fragment d'Othello.

« Ah ! tout mon cœur, tout mon cœur éclate,
  « Brisé par les regrets !
  « Je veux punir l'ingrate
  « Et puis mourir après ! »

TOUS.

Bravo ! bravo ! bravo !

VALANCOUR.

Et je ne suis pas en voix.

CARCASSON, se récusant.

Moi, je ne joue pas l'opéra.

GROSPOULOT, de même.

Ni moi.

VÉSINET, de même.

Ni moi.

DARTIMONT, à Destival.

C'est donc une lutte entre nous deux ?

DESTIVAL.

Entre nous deux, soit !

DARTIMONT.

Dix mille francs.

DESTIVAL.

Douze mille.

DARTIMONT.

Quinze mille.

DESTIVAL.

Seize mille.

DARTIMONT.

Dix-huit mille.

DESTIVAL.

Vingt mille.

DARTIMONT.

J'y renonce.

MADAME DUBROCHET.

A vingt mille, adjugé !

VALANCOUR, serrant la main de Destival.

Vous faites une bonne affaire.

MADAME DUBROCHET.

Quatrième lot : Mademoiselle Héloïse, 15 ans, jouant les
soubrettes de haute comédie et sachant le rôle de Dorine dans
Tartuffe. Mise à prix : cinq mille francs !

HÉLOÏSE, s'approchant et saluant les Directeurs.

Que désirent ces messieurs ?

GROSPOULOT.

Un couplet de nos vieux classiques.

HÉLOÏSE.

Les Folies amoureuses?

LES DIRECTEURS.

Très-bien !

HÉLOÏSE.

« ... Oui, vous. Je croyais que ces brusques manières
« Venaient de quelque esprit qui voulait des prières ;
« Et, pour mieux m'éclaircir, dans ce fâcheux état,
« Si c'était âme ou corps qui faisait ce sabbat,
« Je mis, un certain soir, à travers la montée
« Une corde aux deux bouts fortement arrêtée :
« Cela fit tout l'effet que j'avais espéré.
« Sitôt que pour dormir chacun fut retiré,
« En personne d'esprit, sans bruit et sans chandelle,
« J'allai dans certain coin me mettre en sentinelle :
« Je n'y fus pas longtemps qu'aussitôt, patatras !
« Avec un fort grand bruit, voilà l'esprit à bas :
« Ses deux jambes à faux dans la corde arrêtées
« Lui font avec le nez mesurer les montées.
« Soudain j'entends crier : à l'aide ! je suis mort !
« A ces cris redoublés, et dont je riais fort,
« J'accours, et je vous vois étendu sur la place,
« Avec une apostrophe au milieu de la face ;
« Et votre nez cassé me fit voir par écrit
« Que vous étiez un corps et non pas un esprit. »

TOUS.

Charmant !.. charmant !

DESTIVAL.

Quatre mille.

DARTIMONT.

Quatre mille cinq cents.

GROSPOULOT.

Cinq mille.

CARCASSON.

Cinq mille cinq cents.

MADAME DUBROCHET.

A cinq mille cinq cents !.. personne ne dit mot ?

VÉSINET.

Six mille francs.

MADAME DUBROCHET.

A six mille francs... adjugé ! Cinquième lot : une basse-taille du plus beau timbre : Isidore Durando... le Bertram de la province, se grimant à merveille.

DURANDO, se levant.

Pardon... c'est que je suis peut-être un peu cher pour ces messieurs.

MADAME DUBROCHET.

Pas de modestie, Durando.

DURANDO, s'avançant et chantant.

Sais-tu bien ce que c'est que d'aimer sa pat... sa pat... (Il tousse.) sa pat... (Il tousse.) Allons, bon !.. j'ai mon minet ce matin... et puis voilà l'affaire : j'ai mangé du homard... (Essayant encore de chanter.) La pat... c'est la patte du homard qui est restée là. (Il montre sa gorge.)

GROSPOULOT, se levant.

Nous faisons la part du homard et nous remettons l'au-li-tion à une autre séance. (Le prenant à part) voyons, entre nous, il est parti le galoubet.

DURANDO.

Je vais vous dire... au nouvel éclairage à l'huile de pétrole ma voix baisse de trois tons.

GROSPOULOT.

Tenez, je suis rond en affaires... voulez-vous entrer chez moi ?.. dix-huit cents francs ?

DURANDO.

Par jour ?

GROSPOULOT.

Non, par an.

DURANDO.

Pourquoi faire ?..

GROSPOULOT.

Pour tout faire.

DURANDO.

Et chanter ?

GROSPOULOT, vivement.

Non... pas chanter !

DURANDO.

Ça va... j'aime mieux ça. (En confidence aux autres.) Eh bien, j'ai traité pour douze mille francs. (On se rassied.)

MADAME DUBROCHET.

. Sixième lot : mademoiselle Giselle, 18 ans, première danseuse, ayant de l'élévation, du ballon et des pointes irréprochables... (A Giselle qui s'est levée,) montre les pointes à ces messieurs.

DARTIMONT, se levant.

Peut-on avoir un aperçu de l'élévation et du ballon ?

GISELLE.

Avec plaisir. (Elle lui envoie son pied dans le nez ; il va se rasseoir.)

MADAME DUBROCHET.
Allons, Giselle, danse-nous un petit écho.
GISELLE.
Comment, sans rouge, sans blanc ?
MADAMÉ DUBROCHET.
Allons, voyons, ne fais pas l'enfant... c'est ridicule....
danse... nous allons l'accompagner. (Elle entonne un air que tous
les comédiens chantent avec elle et Giselle danse un pas; après le pas
tout le monde applaudit.) Mise à prix : dix mille francs!
DARTIMONT.
Douze mille francs.
TOUS LES AUTRES DIRECTEURS.
Oh! alors...
MADAME DUBROCHET.
Douze mille francs... adjugée. (Quittant le comptoir.) Et dire
que c'est à la liberté des théâtres que nous devons ca!

TOUS.
Vive la liberté des théâtres !

CARCASSON.

Air nouveau de M. Lindheim.

1.

La liberté nous est donnée.
TOUS.
En avant ! (*bis.*)
Nous allons jouer souvent.
SAINT-EUGÈNE.
Elle date de cette année.
TOUS.
En avant ! (*bis.*)
Nous jouerons même en plein vent.
V'lan !
CARCASSON.
Paris, cet hiver,
Sera couvert
De cent théâtres;
On jouera beaucoup,
On jouera partout...
TOUS.
Tout !
Paris, cet hiver, *etc.*

VALANCOUR.

II.

Nous allons être plus folâtres.
TOUS.
Plus joyeux,

Plus heureux,
Les acteurs seront nombreux.

BRIOLET.

On ne verra que des théâtres.

TOUS.

Oui, beaucoup
Et partout !
Amis, réjouissons-nous
Tous !

HÉLOÏSE.

Cet événement
Certainement
Nous encourage.
On jouera, dit-on,
Dans chaque maison.

TOUS,

Bon !
Cet événement etc.

GROSPOULOT.

III.

On jouera même à chaque étage.

TOUS.

Au premier,
Au dernier,
Et de la cave au grenier.

DURANDO.

Ma voix va faire du tapage.

TOUS.

Oui, vraiment,
C'est charmant !
Nous aurons de l'agrément.
V'lan !

ROSALIE.

Nous aurons tous les
Plus grands succès,
Un équipage !

GROSPOULOT.

Des appointements
De cent mille francs !

TOUS.

V'lan !
Nous aurons tous les etc.

MADAME DUBROCHET.

IV.

On ne verra que des danseuses...

TOUS, *dansant.*
Tra la la. (*bis.*)
Tra la la la la la la.

MADAME DUBROCHET.
Que des danses voluptueuses.

TOUS, *dansant.*
Tra la la, (*bis.*)
Tra la la la la la la,
la !

MADAME DUBROCHET.
Sous la liberté,
En vérité,
Paris, je gage,
Va vivre en chantant,
Va vivre en dansant !

TOUS.
V'lan !
Sous la liberté,
En vérité,
Paris, je gage,
Va vivre en chantant,
Va vivre en dansant.
V'lan !

(Tous dansent sur la ritournelle — le rideau de manœuvre tombe.)

Troisième Tableau.

Une salle de traiteur, trois rangées de tables préparées pour les dîners. — Au fond un théâtre dont le rideau est baissé.

SCÈNE PREMIÈRE

ÉLODIE, CLORINDE, JULIE ET HUIT OU DIX JEUNES FILLES, portant toutes le même uniforme et occupées au lever du rideau à ranger la salle.

ENSEMBLE.

Air :

Dépêchons, c'est l'instant,
Le public nous attend,
Et ce soir, nos attraits
Auront, je crois, un grand succès.

ÉLODIE

Allons, allons, mesdemoiselles, dépéchons-nous, l'heure du dîner-spectacle va bientôt sonner.

CLORINDE.

Allons-nous en avoir du mal ici !

ÉLODIE.

Jec rois bien, servir tout à la fois d'ouvreuses de loges et de garçons de restaurant.

JULIE.

Servir des potages et donner des petits bancs.

ÉLODIE

- Plaignez-vous donc, ça nous fera double profit.

CLORINDE.

Certainement et puis nous verrons le spectacle.

JULIE.

C'est drôle tout de même un Restaurant-Théâtre.

ÉLODIE.

Et cette idée de Monsieur, de n'avoir que des jeunes filles pour garçons.

CLORINDE.

C'est une bonne idée.

ÉLODIE.

Je crois bien, d'abord c'est plus gentil.

JULIE.

Infiniment plus gentil.

ÉLODIE.

Et puis ça s'entend mieux au service.

CLORINDE.

Beaucoup mieux.

ÉLODIE.

A preuve, voyez ces couverts, comme c'est préparé ! quelle mine ça vous a !...

JULIE.

Les fauteuils par-devant pour les dîners-d'orchestre.

ÉLODIE.

Les chaises ensuite et les tabourets par-derrière pour les dîners de paradis.

CLORINDE.

On verra tout aussi bien sur les tabourets.

JULIE.

Et l'on mangera les mêmes choses.

ÉLODIE.

Oui, mais on paiera plus cher sur les fauteuils.

GROSPOULOT, en dehors.

Vous m'avez entendu, dans vingt minutes.

ÉLODIE.

Le patron !

TOUTES.

Le patron ! (Elles s'empressent autour des tables et ont l'air de préparer les couverts.)

SCÈNE II

Les Mêmes, GROSPOULOT.

GROSPOULOT, entrant de la gauche.
Chaud ! chaud ! chaud ! tout est-il prêt ici ?
ÉLODIE.
Oui, bourgeois, voyez, c'est magnifique.
GROSPOULOT.
Pas mal... pas mal... or ça descendez toutes et rangez-vous sur une seule ligne. (Elles obéissent.) Clorinde, rentrez un peu l'estomac... bien, très-bien. (Passant l'inspection.) pas mal, pas mal... attention au coup de serviette !... une, deux !.. (Chacune met sa serviette sous son bras.) Bien ! Toutes à vos postes !.. (Ici toutes se mettent à courir et vont se poser chacune à une table différente.)

GROSPOULOT.
Bravo ! la manœuvre est comprise, a-t-on apporté ma carte-affiche ?
ÉLODIE, lui donnant une carte.
Oui, bourgeois, la voilà.
GROSPOULOT
Carte ingénieuse renfermant le menu du spectacle et le programme du dîner... Voyons cela... (Lisant la carte). « Ou-
« verture du Restaurant-Théâtre. *Première représentation de :*
« *Don Quichotte*, tragédie héroïque, et première apparition
« *d'une Dinde truffée*, grosse pièce de résistance.
« — La tragédie en cinq actes.
« — Le dîner en cinq services.
« — Entremets et intermèdes sucrés.
« — A six heures on lève le rideau, et l'on sert le potage.
— « On pourra prendre des suppléments d'orchestre et
« des suppléments de volaille, on pourra également échan-
« ger son désert, contre une chansonnette comique. A l'étude,
« le *Cœur de Gabrielle de Vergy*, drame en cinq actes... et
« un demi sanglier en marinade. »
Parfaitement rédigé... mettez cela sur toutes les tables... (Regardant à sa montre).. Il est cinq heures trois quarts, les acteurs sont prêts, les cuisiniers aussi... Faites délivrer les billets-cachets.

ÉLODIE.

Oui, bourgeois. (Elle sort par la droite ; les autres vont la suivre, lorsque Cidalyse entre.)

SCÈNE III

LER MÊMES, CIDALYSE, vêtue en Dulcinée du Toboso.

CIDALYSE, entrant par la gauche et arrêtant tout le monde d'un geste et d'une voix comiques,

Arrêtez !

GROSPOULOT,

Comment, vous ici, mademoiselle Cidalyse, en costume de Dulcinée, au moment où le public...

CIDALYSE, noblement.

Je viens, au nom de Don Quichotte et de Sancho Pança, vous demander, monsieur, si vous vous fichez du monde.

GROSPOULOT.

Ce langage...

CIDALYSE.

Est celui d'une actrice affamée. Nous avons répété jusqu'à cinq heures et à cinq heures vous nous avez dit d'aller nous habiller... Nous voilà prêts; mais, avant d'entrer en scène, nous voulons manger un morceau.

GROSPOULOT.

Mais réfléchissez donc...

CIDALYSE.

Je réfléchis.... que jouer à jeun devant un public qui consomme, serait un supplice qui dégotterait celui de Tantale !... En ma qualité de Dulcinée du Toboso, j'honore la chevalerie et je pratique le mépris des richesses, mais j'estime fort le fricandeau !...je demande un fricandeau !...

GROSPOULOT.

Et qui vous le refuse ?... Vous en aurez deux ! vous en aurez dix !... mais voici l'heure du spectacle, et je ne puis, au moment de l'ouverture des bureaux...

CIDALYSE.

Nous n'entrerons en scène qu'en sortant de table, je vous en préviens.

GROSPOULOT.

Eh bien, voyons, d'accord... on va vous servir une petite collation, la moindre des choses... un petit lunch... Nous nous rattraperons après le spectacle... je vous promets un festin de Balthazar.

CIDALYSE.

O Balthazar, que tu devais être heureux, toi, dont on cite
sans cesse les nopces et festins!... Allons, je vais essayer
de faire patienter mes camarades... mais n'oubliez pas le petit
lunch, ou je n'entre pas en scène, moi, d'abord.

GROSPOULOT.

Voyons, ne faites donc pas la méchante!

CIDALYSE.

Je ne fais pas la méchante, mais jouer l'estomac vide dans
un Théatre-Restaurant... des flûtes! (Elle sort par la gauche.)

GROSPOULOT.

Des flûtes!.. des flûtes!.. voyons, qu'est-ce que je pourrai
donc bien leur envoyer?

ÉLODIE, accourant par la droite.

Monsieur, Monsieur, le public se foule à la porte, il menace
de briser les barrières.

GROSPOULOT, tirant sa montre.

Mais c'est vrai... six heures... Ah! ma foi, tant pis! je
commence... Bah! ils souperont mieux! — Mesdemoiselles
les garçons ouvrez les portes , recevez les cachets et faites
placer le monde. (Les demoiselles sortent par la droite.) Ah! l'on
demandait du nouveau!.. j'espère qu'en voilà !.. Dîners en
cinq actes et en vers !.. puisse maintenant mon public digérer
mon dîner et avaler ma tragédie !

ÉLODIE, rentrant avec les autres.

Patron, les bureaux sont ouverts.

JULIE.

V'là tout le monde!

GROSPOULOT.

Bravo !.. Ah! je ne suis pas sans émotion ! (Entrée des spectateurs, parmi lesquels est Carcasson. — Les garçons reçoivent les
cachets et font placer le monde.)

SCÈNE IV

GROSPOULOT, ÉLODIE, CLORINDE JULIE, CARCASSON,
PUBLIC, FILLES-GARÇONS, puis MONSIEUR et MADAME
GODARD.

CHOEUR.

Air de M. Lindheim.

Allons, allons,
En ces lieux dînons,
Nous y verrons

La tragédie.
Allons, allons,
Nous nous régalerons,
Nous verrons,
Mangerons
Ce que nous aimons.

ÉLODIE, à une dame.

Un petit banc pour Madame ?

LA DAME.

Oui, je veux bien.

CLORINDE.

L'Entr'acte, programme du spectacle avec les noms des acteurs !

JULIE.

Le Moniteur du soir, un sou !

ÉLODIE, à Carcasson.

Monsieur veut-il se débarrasser de son chapeau?

CARCASSON, sans l'écouter, à lui-même, avec amertume.

Encore un théâtre !.. Encore une invention !.. Le théâtre-gargotte ! Et c'est ce Grospoulot qui m'a volé ma troupe !.. Oh ! il faut que je la repince !..

ÉLODIE, revenant à Carcasson.

Monsieur chérche sa place ?

CARCASSON, avec humeur.

Oui !.. non !.. ne vous occupez pas de moi !..

ÉLODIE.

Pardon, c'est mon devoir. Monsieur a-t-il pris un billet de fauteuil, de chaise... ou un simple tabouret?..

CARCASSON.

Je ne sais pas ce que j'ai pris, mais je suis entré pour prendre quelque chose.

ÉLODIE.

Monsieur dîne-t-il en trois ou cinq actes ?

CARCASSON.

Je dînerai en le plus d'actes possibles. (Murmures des spectateurs.)

GROSPOULOT.

Veuillez prendre patience, messieurs et mesdames ; dans cinq minutes on sert le potage et on lève le riz de veau... (Se reprenant) le rideau.

GODARD, entrant par la droite avec sa femme.

Voyons dépêche-toi donc, Eudoxie, toutes les places seront prises.

MADAME GODARD.

C'est ta faute... Pourquoi n'as-tu pas voulu prendre des fauteuils ?

GROSPOULOT, allant à eux.

Voici une table de quatre places. (Il désigne la première table du milieu.) Si vous voulez vous asseoir?

GODARD.

Volontiers. (Pendant ces quelques mots, Carcasson s'est assis à la première table de droite.)

MADAME GODARD, à Grospoulot.

Voit-on bien les acteurs d'ici?

GROSPOULOT.

Parfaitement, madame.

GODARD, à Grospoulot.

Un seul mot, monsieur?

GROSPOULOT.

Deux, monsieur.

GODARD.

Est-ce bien réellement une tragédie que vous allez nous faire entendre?

GROSPOULOT.

Tout ce qu'il y a de plus tragédie.

GODARD.

Avec Don Quichotte?

GROSPOULOT.

Mais certainement. Don Quichotte est un caractère éminemment tragique. Dailleurs, on a fait plus de trois-cents pièces sur Don Quichotte; on l'a mis à toutes sauces : en comédie et en vaudeville partout, en opéra à l'Odéon, en ballet à l'Opéra, on en a fait une féerie au Cirque et un mélodrame au Gymnase. Il ne restait plus qu'à en faire une tragédie, et nous l'avons tenté.

GODARD.

Monsieur, la liberté des théâtres vous en donnait le droit.

GROSPOULOT.

N'est-ce pas, monsieur?

GODARD.

Parfaitement. (Il va s'asseoir, en face de sa femme, à la première table du milieu.)

MADAME GODARD.

Pourquoi nous sommes-nous placés si loin?

GODARD.

Puisque tu as ta lorgnette.

MADAME GODARD.

Ça doit être gênant de lorgner en mangeant.

GODARD.

Ça n'est pas plus gênant que de manger en lorgnant.

CARCASSON, à part.

Et dire que c'est pour venir jouer dans ce gargot que mes artistes m'ont lâché !... les lâches !...

GODARD.

Ah! ça, je ne vois pas venir le dîner.

MADAME GODARD.

Ni les acteurs.

CARCASSON, regardant à sa montre.

En effet, il est six heures passées...

GODARD.

La toile !... le potage !...

TOUS, sur l'air des lampions frappant sur les verres avec les couteaux.

Le potage! le potage! (On entend frapper les trois coups.)

GROSPOULOT.

Attention! garçons, servez potage ! (Pendant l'ouverture les garçons apportent des bols de potage aux consommateurs).

GODARD, pendant l'ouverture.

Ah! de la musique!,..

MADAME GODARD.

Mais je ne vois pas l'orchestre.

GROSPOULOT.

Il est dans la cuisine, dans le sous-sol. On va commencer, que personne n'ouvre la bouche.

GODARD.

Comment même pour manger?

GROSPOULOT.

Pour cela, seulement.

PLUSIEURS PERSONNES.

Ah!...

GROSPOULOT

Au rideau! (Le rideau se lève... Le théâtre représente un site champêtre avec des moulins au fond.)

Quatrième Tableau.

DON QUICHOTTE

TRAGÉDIE HÉROÏQUE

SCÈNE PREMIÈRE

LA TOLOSA, LA MOLINERA, PAYSANS, PAYSANNES,
ensuite BASILE.

(Au lever du rideau, la scène est couverte de paysans.)

LA TOLOSA, achevant de lier une botte de paille.
Là c'est fini, j'en suis à ma dernière botte.

BASILE, accourant de la droite
Amis, l'avez-vous vu?

TOUS.
Qui?

BASILE
Qui? mais Don Quichotte,
La fleur des chevaliers errants!

LA MOLINERA.
Des chevaliers?...

LA TOLOSA.
Celui-là qui faillit occir deux muletiers.
De San-Lucar, la nuit, dans une hôtellerie?

BASILE.
Oui, ce fut son début dans la chevalerie...
Et depuis cette nuit près d'un mois s'est passé ·
Nous le gardions chez lui, malade, fracassé,
Le croyant corrigé, quand, ce matin encore,
Il s'est remis en route au lever de l'aurore,
Avec un paysan, fier de le cotoyer,
A cheval sur un âne en guise d'écuyer.

UN PAYSAN.
Nous n'avons vu personne,

BASILE.
Il faudrait les atteindre,
Car de semblables fous nous avons tout à craindre.

LE PAYSAN.
C'est dit, nous vous suivons.

BASILE.
De ce côté, par là.
(Il sort par la gauche, tous le suivent excepté la Molinera et la Tolosa.

GROSPOULOT, en scène, annonçant.

Scène des deux jeunes Espagnoles et entrée des soles normandes!.. (On sert les soles).

SCÈNE II

LA TOLOSA, LA MOLINERA.

LA MOLINERA.
Je veux les voir aussi, viens-tu, la Tolosa?

LA TOLOSA.
Ma foi, non : Rodriguès, le valet de l'alcade,
M'a donné rendez-vous au Prado, sous l'arcade,
Et je vais l'y rejoindre.

LA MOLINERA.
    Et moi, je vais aussi
A la Santa Martha... là m'attend Petruzzi,
Qui doit à nos amours y brûler plusieurs cierges.

LA TOLOSA, regardant à droite.
Cie !

LA MOLINERA, remontant.
Quoi donc?

LA TOLOSA.
Regarde !

TOUTES DEUX, se sauvant à gauche.
   Ah !...

SCÈNE III

DON QUICHOTTE, puis SANCHO PANÇA.

FORTENQUILLE, en DON QUICHOTTE, accourant de la droite.
    Arrêtez, jeunes vierges !...
L'aspect d'un chevalier doit-il épouvanter?

DURANDO en Sancho Pança entrant par la droite.
Des goûts et des couleurs on ne peut disputer.

DON QUICHOTTE.
Arrive, ami Sancho : sur l'herbe émolliente
Laissons brouter là-bas ton âne et Rossinante.

SANCHO.
Mon cher maître, pardon, mais vous m'aviez promis
Que je serais un jour le roi d'un grand pays.

DON QUICHOTTE.
Eh bien, je le promets encore.

SANCHO.
                Mais promettre
Et tenir, ça fait deux.
                DON QUICHOTTE.
                Oses-tu te permettre?...
                SANCHO.
Homme averti...
                DON QUICHOTTE.
                Parlons avec sang-froid, Sancho,
Tu sais que Dulcinée habite au Toboso ;
Mais nous avons tous deux, avant de nous y rendre,
Des forçats à sauver, des géants à pourfendre !
                SANCHO.
Il n'est si bon cheval qui ne bronche parfois,
                DON QUICHOTTE.
Malheur aux chevaliers félons et discourtois !
De mon chemin je veux que tout méchant s'écarte !
Sois digne de ton maître et sur une pancarte
Trace ces mots : ici l'on redresse les torts,
On défend les petits, en écrasant les forts.

                SANCHO.
La raison du plus fort est toujours la meilleure ;
Tel qui rit vendredi qui le dimanche pleure ;
Le mieux que l'on recherche est l'ennemi du bien
Et qui veut trop prouver ne prouve jamais rien.
                DON QUICHOTTE.
Qu'importe les dangers ! nos pères intrépides
N'avaient que leur devoir et leur dame pour guides.
Imitons leurs vertus et ne regardons pas
Notre intérêt de haut et nos pères de bas !
                SANCHO.
Tant va la cruche à l'eau qu'enfin elle se casse ;
Trop parler nuit et mal étreint qui trop embrasse ;
D'ailleurs, en fait de femme, ainsi qu'en fait de plats,
Un bon tiens vaut toujours mieux que deux tu l'auras,
Et moineau dans la main est cent fois préférable
A l'oie...
                DON QUICHOTTE.
        Assez !
                SANCHO.
        Qui vole.
                DON QUICHOTTE, avec délire.
                        O femme incomparable,
Pour te voir un instant, que faut-il accomplir ?
                SANCHO.
Mieux vaut avoir que voir et tenir que courir.
                DON QUICHOTTE, de même.
Laisse-moi te parler, dame de mes pensées !

Je veux faire pour toi des choses insensées
Je voudrais, pour se plaire, être roué, pendu,
Traverser à la nage un lac de plomb fondu,
Dans une forêt vierge, à l'écart et sans pompe,
Combattre un éléphant et t'apporter sa trompe!...
Je voudrais, à tes yeux me présentant blessé,
Perclus, souffrant, difforme, éperdu, fracassé,
Te dire : me voilà, joyeux, des plus ingambes,
Je reviens triomphant, sans bras, même sans jambes !
Je suis à tes genoux, femme, regarde-moi !
Ange du Toboso, suis-je digne de toi ?

(Regardant les moulins.)

Mes vœux sont exaucés ! là-bas, sur mon passage,
J'aperçois des géants !

(Les moulins deviennent des géants qui lui font des pieds de nez.)

Plus je les envisage,
Et plus je reconnais Fier-à-bras, Grand-Dada,
Tranche-Montagne, un fils du féroce Bréda !
A le traiter en maître ici mon bras s'apprête :
Sancho, tu vas voir comme un fils de Bréda s' traite !

(Il va reprendre sa lance et son bouclier.)

SANCHO, regardant les moulins qui ont repris leur véritable form
C'est contre des moulins qu'il s'en va guerroyer !
Ah ! pardieu ! rira bien qui rira le dernier !

L'AMOUR, apparaissant sur un nuage.
Don Quichotte, à l'amour livre ta destinée ;
Pour prix de tes hauts faits, voici la Dulcinée !

GROSPOULOT.
Entrée de la jeune première et de la dinde truffée.

CYDALISE, passant sa tête à la coulisse de gauche.
De la dinde, oui... mais de la jeune première, non !

GROSPOULOT, remontant.
Comment, non ? qu'est-ce à dire ?

CYDALISE, paraissant tout à fait et s'adressant au public.
Messieurs et mesdames, voilà ce que c'est : Figurez-vous
qu'on a nous fait répéter jusqu'à cinq heures... il a fallu nous
costumer, et nous n'avons encore rien pris... nous avions de-
mandé un fricandeau... on ne nous a pas même servi l'oseille...
et je vous demande si l'on est à son aise pour déclamer des
vers avec l'estomac creux.

FORTENQUILLE.
Et surtout devant un public qui dévore.

CIDALYSE.
Pour moi, je m'y refuse. — Dieu que ça sent bon ce que
vous mangez !

CARCASSON.

Elle a raison.

TOUS.

Oui, elle a raison !

CARCASSON, à part.

Du tapage, bravo !

TOUS LES SPECTATEURS.

C'est affreux ! c'est indigne !

GROSPOULOT.

Messieurs; mesdames, croyez que le temps seul.. (Regardant Carcasson.) Le Carcasson ! c'est lui qui est cause de tout !

CARCASSON.

Ah ! une idée, messieurs, une proposition !

TOUS.

Voyons !

CARCASSON.

Si nous invitions les acteurs ?

TOUS.

Oui, oui, invitons les acteurs.

CARCASSON.

Ça sera plus amusant que Don Quichotte.

SANCHO-DURANDO.

Eh ! Fortenquille, on paye à dîner !

FORTENQUILLE.

A dîner, ça me va !

(Tous les acteurs traversent par-dessus la rampe, ceux que l'on a vus déjà et d'autres en Seigneurs. Toutes les dames arrivent par la porte de communication.)

CARCASSON, pendant ce mouvement.

Et je paye du champagne !

MADAME GODARD.

Godard aussi !

PLUSIEURS VOIX.

Moi aussi !

LES SPECTATEURS, se rangeant.

Place ! place aux artistes !

CARCASSON, à part.

Enfoncé le Grospoulot !

GROSPOULOT, de son côté à part.

Du moment qu'on paye du champagne, qu'est-ce que ça me fait ? (Criant) garçons, du champagne sur toutes les tables !

TOUS LES SPECTATEURS, se levant,

Du champagne (Fortenquille est descendu près de madame Godard.)

MADAME GODARD, l'apercevant.

Dieu, que ce monsieur Don Quichotte est donc bien fait !

GODARD, jaloux.

Madame Godard...

CARCASSON, bas.

Fortenquille! Cidalyse!

CIDALYSE et FORTENQUILLE.

Monsieur Carcasson!...

CARCASSON, à mi-voix

Je vous donne cent francs de plus par mois, ça vous va-t-il?

FORTENQUILLE, bas.

Chut! nous en recauserons!

L'AMOUR.

Hé! dites donc, n'oubliez pas l'amour! qu'on me passe quelque chose dans mon nuage!

LES GARÇONS, apportant le champagne et les verres.

Voilà le champagne!

TOUS.

Vive le champagne! (On verse et on boit.)

GROSPOULOT.

Air *de M. Laurent de Rillé.*

Versez à Don Quichotte
Le Cliquot qui picote!

FORTENQUILLE.

Hidalgo bon garçon,
J'accepte sans façon!
A la ville, au théâtre,
Du beau sexe idolâtre,
Je bois, franc troubadour,
Aux dames, à l'amour! (*bis*).
Sous ces nobles ferrailles,
J'ai le goût des batailles!
Je tap'rais comme un roc...

TOUS.
Roc!

FORTENQUILLE.
Et de taille et d'estoc!

TOUS.
Toc!

GROSPOULOT.
Versez, versez encor
A ce noble señor!

DURANDO.
Sans oublie Sancho!

TOUS.
Cho!

CIDALYSE.
Ni mam'sell' Toboso !
TOUS.
So !
FORTENQUILLE.
Vrai ! je bats la campagne
A voir, loin de l'Espagne,
Errer au restaurant |
Le chevalier errant ! | (*bis.*)
TOUS.
Errer au restaurant, etc.

TOUS, pendant la ritournelle.
A boire !..., (On verse, on trinque, on boit.)

GROSPOULOT
II.
Quel spectacle adorable !
Voir à la même table...
FORTENQUILLE.
Le public et l'acteur
Chantant le même chœur !
C'est la ville et la scène
Qu'un doux accord enchaîne,
Et la fraternité
Mène à la liberté ! (*bis.*)
Mettez donc en ribotte
Le grave Don Quichotte,
Et, ferme comme un roc...
TOUS.
Roc !
FORTENQUILLE.
Son verre attend le choc !
TOUS.
Choc !
GROSPOULOT.
Versez, versez encor, etc.

(On monte sur les tables, sur le théâtre, on trinque et on boit.)

FIN DU PREMIER ACTE.

ACTE DEUXIÈME

Cinquième Tableau.

Un grand foyer d'acteurs. — En scène, un piano à gauche, canapé à droite, chaises,

SCÈNE PREMIÈRE

GROSPOULOT, assis à droite. FRACASSÉ.

GROSPOULOT, une affiche à la main.

Comment, monsieur Fracassé, vous avez affiché le spectacle pour six heures ?

FRACASSÉ.

Dame, oui ! — M. Fortenquille doit jouer à 8 heures à Grenelle.

GROSPOULOT, se levant.

Ah ! voilà ce que c'est que de n'avoir qu'une seule troupe pour douze théâtres ! Ah ! je regrette mon ancien restaurant... et sans ce maudit Carcasson.... commencer une pièce nouvelle à six heures, nous n'aurons personne dans la salle.

FRACASSÉ.

Et justement le commencement de la pièce est ce qu'il y a de mieux.

GROSPOULOT.

La fin est jolie aussi, et le milieu n'est pas mal. Ah ! vous avez prévenu pour ce raccord ?

FRACASSÉ.

Oui, monsieur ! mademoiselle Mousseline s'habille et les choristes sont prêts. Quand le compositeur sera arrivé, je ferai descendre au foyer.

GROSPOULOT.

C'est ça... veillez sur votre monde... moi j'entre dans mon cabinet... je n'y suis pour personne... ah ! excepté pour un monsieur Alibabajou, un riche tunisien, qui voulait fonder un théâtre dans le désert... je l'en ai dissuadé.

FRACASSÉ

C'était une idée... le terrain ne doit pas être cher par là.

GROSPOULOT.

J'ai préféré lui faire prendre des actions dans notre société... moi, pas bête...(Il sort par la gauche.)

FRACASSÉ, seul.

Allons, encore un théâtre qui s'ouvre... ah! la concurrence
devient effrayante, — on s'arrache les artistes, et si cela continue.....

CARCASSON, en dehors.

Oui, je demande le Directeur.

FRACASSÉ.

Quelqu'un !

SCÈNE II

FRACASSÉ, CARCASSON, en tunisien.

CARCASSON, entrant par la droite.

Oui, oui, — je suis attendu.

FRACASSÉ.

Monsieur demande?..

CARCASSON.

Monsieur le Directeur?

FRACASSÉ.

Votre nom, monsieur ?

CARCASSON.

Alibabajou.

FRACASSÉ, saluant très-bas

Monsieur, je vais vous annoncer. (Il sort par la gauche.)

CARCASSON, seul.

M'y voilà !.. ah! monsieur Grospoulot, vous l'avez emporté
sur moi !.. quand je triomphais, quand j'étais parvenu à res-
saisir mes acteurs, il a fallu que la société javanaise se créât
pour me les enlever de nouveau! Oh! mais je ne me tiens
pas pour battu !... que de tribulations !... impossible de trouver des artistes !... si bien que l'auteur de ma superbe pièce,
La Vierge du Sahara vient de la faire jouer aux Délasse-
ments tragiques, — je n'ai plus de pièce, plus d'acteurs et j'ai
un théâtre. En voilà une de position !

GROSPOULOT, en dehors.

Oui, oui, j'y vais !

CARCASSON.

Le Grospoulot !.. attention à mon rôle, car s'il me recon-
naissait, moi son concurrent, son adversaire acharné...

SCÈNE III

CARCASSON, GROSPOULOT.

GROSPOULOT, entrant par la gauche.

Ah! comme c'est aimable à vous, monsieur Alibabajou...
je n'espérais pas l'honneur....

CARCASSON.

Je vous avais écrit que je voulais prendre des actions à
votre théâtre!.. c'est ici le foyer de vos artistes?

GROSPOULOT.

Oui, monsieur.

CARCASSON.

Très-bien, très-joli !...

GROSPOULOT.

Ah! je crois mon théâtre appelé à un grand succès.

CARCASSON.

Vous faites partie d'une société?

GROSPOULOT.

Oui, monsieur, à l'instar de la Société Nantaise, nous avons
formé la société Javanaise.

CARCASSON.

Ah! va voui! Ah! va voui! j'ai entendavu parlavor de
çava.

GROSPOULOT.

Vous parlez Javanais?

CARCASSON.

Un peu, un peu!... alors, votre société...

GROSPOULOT.

Voici les avantages! — Nous formons une société de douze
Directeurs et nous n'avons qu'une seule troupe pour douze
théâtres... — ainsi dans l'Opéra-Bouffe que nous allons jouer
ce soir...

CARCASSON.

Le *Violon enchanté?*

GROSPOULOT.

Oui, le violon enchanté... nous avons douze choristes qui
chanteront ici les chœurs du premier acte, et qui tout de
suite après iront chanter les chœurs à Grenelle dans une autre pièce et reviendront ici chanter les chœurs du 3me acte..
ça les contrarie un peu !

CARCASSON.

Mais, vous ne les payez pas pour qu'ils s'amusent.

GROSPOULOT.

Je vais vous présenter mes premiers sujets... le célèbre
Fortenquille, dont j'ai fait un ténor... une voix !...

CARCASSON.

Comme moi. (Il chante comiquement en arabe.)

GROSPOULOT.

Je vais donc vous présenter le célèbre Fortenquille et la
fameuse Cidalyse, que j'ai transformée en prima dona...
Je les ai arrachés à un nommé Carcasson, un imbécile d'ancien pâtissier qui voulait se faire Directeur...

GARCASSON, riant jaune.

Ah ! Tiens... ah ! ah ! ah ! ah !

GROSPOULOT.

Je vous présenterai aussi la petite Mousseline, qui joue,
pour la première fois aujourd'hui... vous la verrez... un petit
bijou !...

CARCASSON, à part.

Je lui enlèverai aussi sa Mousseline.

GROSPOULOT.

Vous dites ?...

CARCASSON.

Je dis que dans le temps j'ai vendu de la mousseline.

CABOCINI, au dehors.

Ze veux que l'on fasse venir tout le monde au foyer.

CARCASSON.

Qu'est-ce donc ?

GROSPOULOT.

Il signor Cabocini... le maëstro qui a composé la musique
du Violon enchanté, et qui se dispute toujours avec l'auteur
des paroles, M. Dufouillis.

SCÈNE IV

Les Mêmes, CABOCINI.

CABOCINI, parlant à la cantonade.

Presto !.. Presto !... vi entendez ?... (Il entre sans voir Carcasson et Grospoulot, il arpente le théâtre un rouleau de musique à la
main et chantant).

Proum, proum, proum, proum, proum, proum... (Parlé) les
violes en sourdine... (chantant) Di... i... i... i... i... i... i...
i... i... dzing ! c'est ça, ze sanzerai l'andante... ou plutôt
non ! ze ne sanzerai pas l'andante, elle est souperbe ! z'adou
cirai le crescendo... no ! le crescendo, il était magnifique !
surtout ce passaze qui peint si bien l'azitation di la zeune

personne.... (Il se met au piano et exécute un crescendoéchevelé) Soublime ! Soublime! ze ne sanzerai rien ! non, niente, niente...
tutto il était perfatto! ma mousique elle était soublime.

GROSPOULOT.

Délicieuse !

CARCASSON.

Admirable !

CABOCINI.

Vi m'écoutiez, Direttor, mon ami?

GROSPOULOT.

Et nous jubilions !

CARCASSON.

Oui, nous jubilions....

CABOCINI.

Z'espère que le poublic zoubilera encore piou que vous,
quand il entendra mon septouor !... Je devais le sanzer mon
septouor !... non, ze ne le sanzerai pas... C'est oune cef d'œuvre ! (A Grospoulot.) Direttor, mon ami... vostre fortuné est
faite !....

GROSPOULOT, radieux.

Je le crois...

CABOCINI.

Zen souis sour !

DUFOUILLIS, du dehors.

C'est idiot! c'est stupide ! Je ne le souffrirai pas !...

GROSPOULOT, à Carcasson.

C'est l'auteur des paroles...

SCÈNE V

LES MÊMES, DUFOUILLIS, avec un toupet frisé.

DUFOUILLIS, à Grospoulot en entrant par la droite.

Ah ! vous voilà !... (A Cabocini.) Et vous aussi, monsieur !...
(A Grospoulot) vous savez ce qui se passe ?

GROSPOULOT.

Quoi donc ?

DUFOUILLIS.

Monsieur ne s'est-il pas ingénié de faire accompagner la
romance de la Princesse avec les trombonnes et les timballes ?...

CABOCINI.

Certainement, si signor, et ze termine même l'allegro avec
oune pocco di grossa Caisse, Boum !

DUFOUILLIS.

Mais vous êtes donc une buse ?

CABOCINI.

Oune Bouse ?

DUFOUILLIS.

Croyez-vous que mes paroles puissent être entendues avec votre musique de saltimbanque ?

CABOCINI.

Mà elles sont stoupides vos paroles...

DUFOUILLIS.

Vous ne les comprenez pas...

CABOCINI.

Ze ne les comprends pas !... Ze ne les comprends pas ! Écoutez, Direttor mon ami ! (Citant).

Je t'aime
D'amour extrême,
Mon bien suprême
A moi,
C'est toi !

Voilà les paroles du signor poëta... Est-ce assez plat, dites?... C'est le poublic qui sera bien content de ne point les entendre !

DUFOUILLIS.

Et voilà la musique de monsieur sur ces tendres paroles... (Chantant comme un énergumène et imitant l'accompagnement du trombonne).

Je t'aime, je t'aime
Prout, prout, prout, prout !
D'amour extrême !
Prout !
Mon bien suprême
A moi,
C'est toi !
Prout ! prout ! prout ! prout !

C'est cela qui peint bien la tendresse, n'est-ce pas, messieurs ?

CABOCINI.

Ça ne peint point la tendresse, bestia ! ça peint la passion... ignaro ! ça ne peint point la tendresse ! Asino !

DUFOUILLIS.

Crétin !

CABOCINI.

Broute !

DUFOUILLIS.

Idiot !

GROSPOULOT, bas à Dufouillis.

Je suis de votre avis... vos paroles sont délicieuses et sa musique est détestable !... (Bas à Cabocini.) Voyons, Cabocini, ses paroles sont absurdes et votre musique est sublime !

DUFOULLIS.

Ah ! quel métier !.... En voilà un que je ne continuerai pas ! Bon Dieu ! dépendre d'une foule de gêneurs ! du compositeur ! du Directeur ! du régisseur, des acteurs, du public, des journalistes, des musiciens, du souffleur !.... Ah ! quel métier ! quel métier ! (Il tombe assis sur le canapé. — Pendant cette tirade, Cabocini s'est remis au piano et joue quelques mesures.)

GROSPOULOT.

Quel doigté !

CARCASSON.

C'est-à-dire qu'il n'en joue pas, il en tape !

DUFOUILLIS, se levant.

Voilà un pauvre piano qui est à plaindre !

CABOCINI se levant avec un saut.

Ebbène, et cette prova? Cette répétition ?... Director, mon ami, les bureaux vont s'ouvrir, et ze n'ai pas répeté mon final qui ne va pas... Répétons-nous, oui ou non ?

GROSPOULOT.

Mais certainement !.. Où est donc le régisseur ?... (Appelant) Monsieur Fracassé ?...

SCÈNE VI

LES MÊMES FRACASSÉ, entrant par la droite.

FRACASSÉ.

Monsieur le directeur?

GROSPOULOT.

Eh bien ! Et ce raccord ?

FRACASSÉ.

Les choristes attendent; je n'ai qu'un coup de cloche à donner...

CABOCINI.

Prévenez aussi la signorina Mousseline !

FRACASSÉ.

C'est qu'elle est en train de s'habiller !

CABOCINI.

Qu'elle vienne comme elle sera... ma miousique avant
tout !

FRACASSÉ.

Je vais à sa loge et je vais voir...

CARCASSON.

Comment, il va voir ?

GROSPOULOT.

Ah ! un régisseur.... ça ne compte pas (Fracassé sort par la
droite.)

CABOCINI, qui s'est remis au piano et chante en s'accompagnant à tour
de bras.

Allons, marçons,
Nous les retrouverons.
Dou silence !

(Il joue très-fort.)

DUFOUILLIS, à Grospoulot.

Du silence !.. Et c'est le moment où il casse toujours une
corde à son piano... quel braillard !

CABOCINI.

Il manque quelque chose à cet endroit. (On entend la cloche
de la régie.)

CABOCINI, faisant un bond.

Oh ! très-bien, oui, onna cloce ! oun accompagnement de
cloce... Direttore, mon ami, vi me ferez aceter ouna cloce en
mi bémol... n'oubliez pas... mi bémol.

GROSPOULOT.

Vous l'aurez !

CABOCINI.

Perché, voyez-vous... (Chantant) Dou silence ! Drelin din
din..., drelin...

DUFOUILLIS.

Drelin, dindon !

CABOCINI, à part.

Oh ! que ce librettiste m'agace... il m'agace !

FRACASSÉ, rentrant par la droite suivi des choristes.

Voici les choristes... (Il sort.)

CARCASSON.

Je vous laisse à votre répétition... et je vais prendre ma
place dans la salle.

GROSPOULOT.

Allez et chauffez nous ça...

CARCASSON, à part, avant de sortir.

Pendant qu'ils sont occupés ici, tâchons de rencontrer Fortenquille et Cidalyse. (Il sort par la droite.)

SCÈNE VII

CABOCINI, GROSPOULOT, DUFOUILLIS, LES CHORISTES,
puis FRACASSE et MOUSSELINE.

CABOCINI.

Allons, messieurs et dames des chœurs... vi allez répéter primo le grand chœur del primo acte... vi savez : Solament, vi ne marcerez pas... vous çanterez marçons sans marcer.

DUFOUILLIS.

Ils feraient peut-être bien mieux de marcher sans chanter...

CABOCINI.

Oh! mi agace! mi agace! Il est impossible, ce mossieu! J'ai envie de l'étrangler.

MOUSSELINE, en dehors.

Mais je ne veux pas... je ne veux pas!

FRACASSÉ, la poussant en scène par la droite.

Mais il le faut, mademoiselle... allons donc!

MOUSSELINE, en petit paysan breton.

Que me veut-on? au moment d'entrer en scène, j'ai besoin de me recueillir, de repasser mon rôle.

GROSPOULOT.

Voyons, ne vous tourmentez donc pas.

MOUSSELINE.

Et puis ce costume est affreux... il me grossit... j'en veux un autre.

GROSPOULOT.

Mais l'autre est dessous... le beau... c'est toujours comme ça dans les pièces à changements.

CABOCINI.

Vous êtes zolie, très-zolie!

DUFOUILLIS.

Charmante!

MOUSSELINE.

Rien que l'idée de paraître devant le public... ça me donne la chair de poule...

DUFOUILLIS.

Pauvre poulette!

CABOCINI.

Perchè avete paoura?...

MOUSSELINE.

Perchè?.. je débute donc, et dans un rôle d'homme... et
ça me cause une frayeur!.. Ah! rien que d'y penser, le cœur
me bat, me bat!

DUFOUILLIS, avançant la main.

Voyons...

MOUSSELINE, lui donnant une tape sur la main.

A bas les pattes!.. Non, je n'oserai jamais...

Air : *Nouveau de* M. Hervé.

Vraiment, j'aimerais mieux
Braver mille amoureux,
Que le public nombreux
Dont je subis l'attente.
Car un public nombreux,
Pour une débutante,
Est bien plus dangereux
Que cent mille amoureux.

Sitôt qu'elle paraît,
Chacun prend sa lorgnette
Et, des pieds à la tête,
On juge ce qu'elle est.
En la jugeant ainsi,
Les uns blâment ceci,
D'autres blâment cela :
Ah! tenez, la voilà !
Voyez ce nez qu'elle a,
Cette bouche, ces yeux ;
Enfin, de ses cheveux
Jusqu'à ses pieds on va,
Et l'on dit sur tout ça :
C'est ceci, c'est cela !
Patati, patata ! (*bis.*)

REPRISE.

Vraiment, j'aimerais mieu
Braver mille amoureux,
Que le public nombreux
Dont je subis l'attente,
Car un public nombreux,
Pour une débutante,
Est bien plus dangereux
Que cent mille amoureux.

Elle parle, on l'écoute,
Puis on se dit après :

Ce n'est pas mal sans doute...
Cependant... quoi donc?... mais...
Ce mais qui nous accable,
Ce sempiternel mais,
Ce mais si redoutable,
Qu'on n'évite jamais...
    Mais, mais, mais, mais...
Elle chante bien... mais...
Elle dit fort bien... mais...
Elle a du talent... mais...
Elle est charmante... mais...
Mais c'est ceci, mais c'est cela...
    Patati! patata!

REPRISE.

Vraiment, j'aimerais mieux
Braver mille amoureux
    etc., etc., etc.

CABOCINI.

Mà, cère amie... ne craignez donc rien... le poublic il ne fera pas la moindre attention à vous, cère amie, il ne sera occoupé que de ma mousique!

GROSPOULOT.

Toujours modeste.

DUFOUILLIS.

Et galant.

CABOCINI.

Voyons, tout le monde en place... ze commence... Ecoutez! (Il joue une ritournelle extravagante.) Partez!

LES CHOEURS.
Allons, marchons,
Nous les retrouverons.
Du silence
Et de la prudence!

CABOCINI.

Plus fort, dou silence!

DUFOUILLIS, exaspéré.

Beuglez du silence!

LES CHORISTES, criant.
Allons, allons,
Marchons en silence...
Bientôt, je pense,
Nous les ramènerons.

CABOCINI.
Bravissimi! A vous, mademoiselle.

MOUSSELINE, chantant.
Beauté que j'aime
D'amour extrême...
Je la retrouve...
LES BASSES.
Il la retrouve...
LES TÉNORS.
Il la retrouve!
MOUSSELINE.
Je la retrouverai.
LES CHŒURS.
Il la retrouvera...
MOUSSELINE.
Malheur! on me l'enlève!

CABOCINI, parlé.
Enlevez bien, on me l'enlève...

MOUSSELINE, recommençant.
On me l'enlève !
Quel affreux rêve
J'ai fait...
LES BASSES.
Il a fait.
LES TÉNORS.
Nous avons fait...
MOUSSELINE.
Quel rêve j'ai fait là!...
LES BASSES.
Il a fait là...
LES TÉNORS.
Nous avons fait là!...
LES CHORISTES, chantant comme des énergumènes.
Allons, marchons.
Du silence! etc.
(Cabocini accompagne avec les poings, les coudes, et les pieds. — Charivari.)

DUFOUILLIS.
Voilà ce qui s'appelle un chœur silencieux!.. Ô stupidité
humaine !
CABOCINI, exaspéré.
Monsou Dufouillis!...
DUFOUILLIS, de même.
Monsou Cabocini !

CABOCINI.

Je suis à bout de patienza!

DUFOUILLIS.

Et moi aussi...

CABOCINI.

Si ze n'étais pas oblizé de condouire mon orchestre, savez-vous ce que ze ferais?...

DUFOUILLIS, d'un ton arrogant.

Que feriez-vous?

CABOCINI.

Je vous prendrais par les ceveux comme ceci... (Il l'empoigne par les cheveux.)

DUFOUILLIS, inquiet.

Arrêtez....

CABOCINI.

Et ze vous lancerais dans l'espace comme cela. (Il fait le geste et lance en l'air le toupet de Dufouillis.)

DUFOUILLIS.

Misérable!

CABOCINI.

Oune toupet!... (Tout le monde rit aux éclats.)

DUFOUILLIS, le prenant par son habit.

Vous me ferez raison... sur l'heure... (Cloche au dehors.)

VOIX DE FRACASSÉ, LE RÉGISSEUR.

Tout le monde au théâtre, l'on va frapper les trois coups!..
(Ces mots du Régisseur produisent une quadruple commotion sur Grospoulot, Mousseline, Dufouillis et Cabocini.

TOUS.

Les trois coups!..

GROSPOULOT, très-ému.

On va commencer!

MOUSSELINE, de même.

Je tremble...

CABOCINI, de même.

Mi balza il cuore!

DUFOUILLIS, de même.

Je n'ai plus de jambes...

CABOCINI, allant à Dufouillis.

Dufouillis...

DUFOUILLIS.

Cabocini...

CABOCINI.

Oublions nos querelles...

DUFOUILLIS, lui donnant la main.

Je le veux bien,.. mais qu'on me rende mon toupet...

CABOCINI.

Il est au ciel !.. Ze marce à l'orchestre... au triomphe peut-être !..

CHOEUR GÉNÉRAL.

Air : *de Jaguarita.*

Que la pièce commence!
Sur l'ouvrage nouveau
On va lever le rideau...
Et d'un succès immense
Oui, nous devons, pour ce soir,
Concevoir
L'heureux espoir.
Oui d'un succès ce soir,
Tous, nous avons l'espoir.

(Tous se bousculent pour sortir. — Cabocini renverse deux choristes. — Le rideau tombe.)

Sixième Tableau.

A peine le rideau de manœuvre est-il tombé que Cabocini arrive dans l'orchestre des musiciens en faisant un grand tapage. — Il a sous son bras une grosse liasse de musique. Il court à son pupitre en renversant plusieurs instruments et il crève une grosse caisse dans laquelle il manque de disparaître, on l'aide à en sortir.

CABOCINI, furieux.

Que c'est bête de mettre ainsi des grosses caisses sur mon cemin ! (Il arrive à son pupitre, se retourne et s'adressant au public.) Ze vi domande pardon, signori, c'est l'émotione, car ze dois vi l'avouer... là... entre nous, ze avais le trac comme la Signora Mousselina... mà vi allez entendre... (Aux musiciens.) Et vous, cari miei !.. amici miei ! (Au public.) Ze les flatte... Perché z'en ai besoin... (Aux musiciens.) Amici ! on va frapper les trois coups... z'ai encore quelques parties d'orchestra à vi distribouer... per des petits sanzements, vi savez... (Il distribue.) Violino... Alto... flouto... Contra-basse... Contrabasse... contrabasse... contrabasse... (Au public.) Z'aime beaucoup la contrabasse. (Distribuant de nouveau.) Trombône... Corno... (Il fait passer au cor.) Corno !.. Ebbene où est-il donc le troisième corno?... Ah ! je vois ce que c'est... le Direttore mon ami, il a économisé le troisième corno ! comè ! oune orchestre aussi considérable, tous gens mariés, avec deux corni seulement!... Allons, personne ne le croira... (On frappe les trois coups.) On frappe... attention ! (Au public.) Ze n'ai pas fait d'ouvertoure, ma vi allez entendre l'introdoutzione... Je crois que c'est zoli. (Aux musiciens.) Amici, le sort de Cabocini il est entre vos mains... le rideau il se lève sur une mélodie de clarinettes, de cors et de grosse caisse, — une, deux, trois!.. Partez! — (L'orchestre joue abominablement faux. — Cabocini se bouche les oreilles, frappe sur son pupitre et se démène sur sa chaise.) Alla guarda! alla guarda !... vi ne faites pas attention, cari amici ! (Il prononce ces mots en grinçant des dents.) Le trombone il fait si, si, sol... (Montrant la partition.) Mais là je n'ai pas si, si, sol... mais bien ré, ré, fa, ré... si vous n'avez pas les ré, fa, ré, ça ne peut pas aller... essayons, essayons encore... Vi êtes les premiers mousiciens du monde! Il primo orchestre di l'ounivers! Vi n'avez qu'à vouloir... Une, deux, trois... Partons en ré, fa, la, ut... (Cette fois l'orchestre exécute très-bien et à partir de ce moment le rôle de Cabocini, pendn-o 'opéra, se borne à une pantomine expressive, s'emportant avec l'ori chestre pendant les morceaux de viguour et s'évanouissant pendant les morceaux doux.)

(Le rideau se lève.)

Septième Tableau.

Un pavillon à gauche avec balcon. — Site agreste. — Au fond, la rivière.

LE VIOLON ENCHANTÉ

Musique de M. Hervé.

SCÈNE PREMIÈRE

MOUSSELINE, sous les habits du petit paysan Lindor. Elle entre de la droite.

ROMANCE.

I.

Moi, que personne ne protége,
Moi, pauvre petit paysan,
Je suis amoureux à présent
De la princesse Fleur-de-Neige...

Que n'ai-je, que n'ai-je, que n'ai-je,
  Pour unique trésor,
    Que n'ai-je Fleur-de-Neige ?
Que n'ai-je, que n'ai-je, que n'ai-je,
Que n'ai-je, n'ai-je Fleur-de-Neige,
      Pauvre Lindor ? (*bis.*)

II.

Mais un seigneur est aimé d'elle ;
Comment ne pas me chagriner,
Quand tous les jours, il vient donner
Des sérénades à ma belle ?
Que n'ai-je, que n'ai-je, que n'ai-je
  Sa noblesse et son or ?
    Que n'ai-je Fleur-de-Neige ?
Que n'ai-je, que n'ai-je, que n'ai-je,
Que n'ai-je, n'ai-je Fleur-de-Neige,
      Pauvre Lindor ? (*bis.*)

    (Ici ritournelle bruyante.)

    LINDOR, qui a remonté la scène.
O ciel, c'est lui, c'est mon rival,
Don Cocodès de Sandoval !

    (Il se cache dans un bosquet à gauche.)

SCÈNE II

LINDOR, caché, DON COCODÈS DE SANDOVAL, joué par
  Fortenquille.) UNE DIZAINE DE MUSICIENS.

    DON COCODÈS, entrant par la droite.
    Venez, à celle que j'aime
Parler en si, parler en sol ;
    Mon amour peut, ici même,
S'exprimer en si bémol.
      LE CHŒUR.
Il faut à celle qu'il aime
Parler en si comme en sol ;
    Son amour peut, ici même,
S'exprimer en si bémol.
      DON COCODÈS.
    Attention, mes hommes,
    Y sommes nous ?
      LE CHŒUR.
    Oui nous y sommes.
      DON COCODÈS.
Tous vous répéterez en chœur
Les vers que dictera mon cœur.

LE CHOEUR.
Tous, nous répéterons en chœur
Les vers que dictera son cœur.

DON COCODÈS.

(*Sérénade.*)

L'amour m'assiége,
O Fleur-de-Neige,
De grâce, abrége
Mon long tourment!
Vois mon martyre!...
Quand je soupire,
Daigne sourire
A ton amant.

CHOEUR.

L'amour l'assiége,
O Fleur-de-Neige,
De grâce, abrége
Son long tourment !
Vois son martyre ..
Quand il soupire,
Daigne sourire
A ton amant.

DON COCODÈS.
Je t'aime, je t'aime
D'amour extrême !
Mon bien surprême,
A moi,
C'est toi !

LE CHOEUR.
Vois comme il t'aime
D'amour extrême !
Son bien suprême,
Pour lui, c'est toi !

DON COCODÈS.
Si ton âme,
Noble dame,
A ma flamme
Correspond,
A mes fades
Sérénades
Tes œillades
Répondront !

LE CHOEUR.
Si ton âme,
Noble dame,
A sa flamme

Correspond,
A ses fades
Sérénades
Tes œillades
Répondront.
DON COCODÈS.
Je t'aime, je t'aime, je t'aime !
De même,
Toi,
N'aime que moi !

REPRISE ENSEMBLE.

m'
L'amour } assiége,
l'

O Fleur-de-Neige, etc., etc.

SCÈNE III

LES MÊMES, FLEUR DE NEIGE, paraissant au balcon.

FLEUR DE NEIGE, jouée par Cidalyse.
Ciel ! imprudent ! on m'observe sans cesse...
DON COCODÈS.
Eh ! que m'importent les jaloux !...
Je ne rêve qu'un mot de vous,
Un mot d'amour et de tendresse !
FLEUR DE NEIGE.
Si ce n'est, pour toute richesse,
Que mon amour que vous rêvez;
Parlez, vous l'avez, vous l'avez !
Parlez.., vous l'avez
Ce bien si cher que vous rêvez !
DON COCODÈS.
Ah ! je triomphe,
Iomphe, iomphe !
Allons, allons,
Amis, partons !

REPRISE.

L'amour m'assiége, etc., etc.

(Don Cocodès s'éloigne par la droite avec ses musiciens, après avoir
envoyé des baisers soufflés à Fleur de Neige, qui quitte le balcon.)

SCÈNE IV

LINDOR, seul.

O désespoir ! ô fureur ! ô misère !
Ah ! là-bas coule la rivière,
Précipitons-nous-y la tête la première...
(Il court pour se jeter à l'eau, — un génie paraît tout à coup.)

SCÈNE V

LINDOR, LE GÉNIE.

LE GÉNIE.
Arrête!

LINDOR.
Que vois-je ?
LE GÉNIE.
Un ami.
LINDOR.
Vous, un ami !...
LE GÉNIE.
Qui te protége..
Et, pour te faire aimer de Fleur-de-Neige,
D'abord, je te transforme ainsi.
(Il fait un geste, Lindor se trouve transformé en petit seigneur.)
LINDOR.
Dieu ! quel costume magnifique!
LE GÉNIE.
Mais Fleur-de-Neige adore la musique ;
Pour la séduire mieux, tiens, prends ce violon...
(Une énorme contre-basse sort de terre. Cette contre-basse s'ouvre
tout à coup et de l'intérieur sort un tout petit génie qui apporte un
petit violon et le présente à Lindor, puis rentre dans l'instrument qui
disparaît avec lui dans le dessous.)
LINDOR, regardant le violon avec tristesse.
Je n'en sais pas jouer !
LE GÉNIE.
Il jouera de lui-même,
Car il est enchanté...
LINDOR.
Joie extrême!
LE GÉNIE.
Essaie !...
LINDOR.
Oh ! oui, ce ne sera pas long !

(Lindor exécute un morceau avec variations, — puis il s'arrête tout
surpris un instant.)

Eh quoi?

C'est moi?

Miséricorde!...

Je vois

Mes doigts

Sur chaque corde

Courir,

Saisir

La mélodie!

Comment,

Vraiment,

J'ai du génie !

(Il continue de jouer et s'arrête.)

LINDOR, regardant le balcon. — Parlé.

Mais elle n'est pas là.

LE GÉNIE, lui montrant le rideau qui remue.

Si... regarde... continue... (Lindor continue avec joie. — Il
joue un adaggio. — Fleur de Neige paraît au balcon, cachée par le
rideau ; elle écoute, elle est charmée, et indique qu'elle va descendre.
— Lindor joue toujours.)

SCÈNE VI

LES MÊMES, FLEUR DE NEIGE.

FLEUR DE NEIGE, entrant par la gauche, après le solo.
D'où viennent les doux sons qui charment mon oreille?

LINDOR.

C'est elle !

FLEUR DE NEIGE.
Ah ! qu'il est donc gentil !
C'est un amour, une merveille!...

(A Lindor.)

Quoi, c'est vous qui jouez ainsi?

LINDOR.

C'est moi, Lindor...

FLEUR DE NEIGE.
Jouez, jouez encore...

LINDOR.
Oui, j'obéis à celle que j'adore...

(Le chant qui suit est accompagné par Lindor seulement et sans orchestre. — Fleur de Neige chante et Lindor accompagne.)

FLEUR DE NEIGE.
Il m'adore,
Me dit-il !
C'est encore
Plus gentil !
Quelle ivresse
Je ressens !
Sa jeunesse,
Ses accents,
Je l'atteste,
Font florès ;
Je deteste
Cocodès...
C'est bizarre !
En vainqueur,
Il s'empare
De mon cœur

(Lindor tombe aux genoux de Fleur de Neige.)

FLEUR DE NEIGE.
Eh bien ! le ténor manque son entrée ?
LE GÉNIE, parlant dans la coulisse.
Le ténor !... Prévenez Fortenquille ?...
CABOCINI, se démenant à l'orchestre.
Ah ! le birbone ! (A l'orchestre.) Soutenons par oune tremolo... én la dièze... ah ! le scélérat ! Voyez s'il entrera, l'as-
sassin ! (Aux musiciens) Soutenons toujours le tremolo... ah ! le
voici ! non c'est le Direttor. (Ici l'on voit entrer Grospoulot qui
fait trois saluts; Cabocini continue pendant les saluts du Directeur.) Ché
cosa è ancora ? qu'est-ce qu'il veut, cet affreux Diretlor ?...
monsou Grospoulot, qu'est-ce que vi voulez ?...
GROSPOULOT, au public.
Messieurs, l'acteur chargé du rôle de don Cocodès de San-
doval devant se trouver ce soir à Grenelle à 8 heures pré-
cises...
CABOCINI.
Ebbèné, qu'est-ce que cela fait à questi signori ?
GROSPOULOT.
Il avait encore une scène à jouer ici...
CABOCINI.
Mà tchertamenté ! et il faut qu'il la zoue ! (Se retournant vers le
public.) Signori, ne vi laissez pas mettre dedans !.. ze vous prie !
GROSPOULOT.
Mais il est huit heures et demie... notre ténor est donc
obligé de partir...
CABOCINI.
Eperché ?.. ó perché ? mais vi me touez ! mais vi me touez !

GROSPOULOT.

Cela, mesdames et messieurs, vous prive seulement d'une scène de ce bel ouvrage del signor Cabocini...

CABOCINI.

Si, signor...

GROSPOULOT.

Del signor Cabocini, ce Roi de la mélodie... (Cabocini se renverse avec fatuité sur son fauteuil) de ce puissant génie, appelé à surpasser tous ses rivaux.....

CABOCINI, les pouces dans son gilet et se carrant sur sa chaise, avec une modestie affectée.

Direttor, mon ami... vi prego.... vi prego...

GROSPOULOT.

Nous vous offrons en échange de vous montrer les Pupazzi, un Guignol d'un nouveau genre; car notre tâche, depuis la liberté des théâtres, c'est de passer en revue tous les genres ! — Ceux de vous, messieurs, qui préféreraient suivre à Grenelle le ténor qui nous manque ici, trouveront des contre-marques au contrôle et des voitures sur le boulevard. (Il salue profondément et se retire.)

CABOCINI, toujours à l'orchestre.

Mais mon final ? mon final ?...

GROSPOULOT, revenant sur ses pas.

Le final ?... Ah oui, c'est juste... (Au public.) Messieurs, nous terminions notre opéra par un tableau charmant et, chose bizarre et tout à fait neuve, par le mariage du jeune Lindor avec la princesse. Pour ne pas vous priver de ce dénouement inattendu, nous allons, pendant les pupazzi, faire placer le décor. Vous connaîtrez donc le commencement et la fin de ce superbe ouvrage... quant au milieu...

CABOCINI.

Ehbiène, lau milieu?

GROSPOULOT, à Cabocini.

C'était mouche. (Il sort avec les acteurs de l'Opéra).

CABOCINI, furieux.

Mouche !... il a dit mouche!... Et ça s'appelle oun théâtre !... C'est oun boui-bouis!... ouna pétaudière !...

DUFOUILLIS, arrivant par la droite.

Oh ! oui, c'est un boui-bouis !..

CABOCINI.

Qu'est-ce que tu viens faire, toi?

DUFOUILLIS.

Je viens reprendre mon manuscrit.

CABOCINI.

Perché?

DUFOUILLIS, prenant le manuscrit sur le pupitre du souffleur.

Perché... je ne veux plus collaborer avec vous... et j'emporte ma pièce.

CABOCINI.

Tou le veux?.. oune fois?...

DUFOUILLIS.

Oui... je me révolte!...

CABOCINI.

Deux fois!... trois fois!

DUFOUILLIS.

Oui, oui, oui!...

CABOCINI.

Ehbiène, tiens! (Il casse son violon sur la tête de Dufouillis qui disparaît par le trou du souffleur, puis il quitte l'orchestre où il est remplacé au pupitre et la musique commence aussitôt. — Alors une partie du décor se développe et l'on aperçoit le théâtre des Pupazzi. — Au bout de quelques mesures, le rideau du petit théâtre se lève et l'on voit une place publique).

Huitième Tableau.

LES PUPAZZI

(Polichinnelle paraît sur le petit théâtre et chante avec sa pratique l'air consacré des polichinelles. Il est interrompu vers la fin de son couplet par M. Guignol qui entre.)

GUIGNOL.

Eh bien, que fais-tu là, animal, crétin, brute?..

POLICHINELLE, parlant avec sa pratique, ce qu'il fait jusqu'à la fin de son rôle.

Oh! torototo!

GUIGNOL.

Comment, triple buse, quand tous les théâtres profitent de la liberté qu'on leur donne pour se métamorphoser, tu oses te montrer encore avec ton vieux chapeau, tes vieilles bosses et ta vieille pratique?

POLICHINELLE.

Et comment voulez-vous que se montre Polichinelle?

GUIGNOL.

Il n'est plus question de Polichinelle. Moi, Guignol, je veux comme tous mes confrères, élever, agrandir, anoblir mon genre, et, pour cela, j'ai donné rendez-vous ici à tous les plus grands artistes de la capitale.

POLICHINELLE.

Les grands artistes ?

GUIGNOL.

Malheureusement il m'est impossible de les recevoir... Je suis attendu sur le terrain...

POLICHINELLE, se jetant dans ses bras.

Vous battre en duel?.. un si bon Directeur !..

GUIGNOL, le repoussant.

En duel?.. mais non... veux-tu me lâcher... On m'attend sur le terrain où je veux élever mon nouveau théâtre. Par ainsi, Polichinelle, c'est toi que je charge de recevoir les grands comédiens que j'attends.

POLICHINELLE.

Vous pouvez compter sur moi.

GUIGNOL.

Sois bien poli : ne va pas les recevoir à coups de bâton, comme c'est ton habitude, ils ne sont pas accoutumés à cela. Allons, je te laisse, ne bouge pas d'ici et, je te le répète, sois bien poli. (Il sort.)

POLICHINELLE.

Oh! torototo ! torototo!.. on veut me remplacer, moi Polichinelle ! (Prenant un bâton.) Ça ne sera pas ! je les assommerai plutôt tous !.. (Regardant a la cantonade.) Oh !... qu'est ce que je vois?... au secours!... à la garde !... (Il se sauve.)

BENVENUTO, entrant, (MÉLINGUE.)

M. Guignol veut m'engager dans son théâtre... mais pourrai-je y élever ma statue?.. essayons. (Il fait la statue en disant sa tirade). « Scozzone, vous êtes jalouse... et pourtant « Scozzone, Ascanio et Colombe, je vous aime bien tous les « trois!.. je sens tressaillir dans ces masses difformes ma « statue et mon idée, la femme et la déesse, mon amour et « mon désir !... je t'aime!.. (La statue touche aux frises et il sort en disant :) C'est un peu bas de plafond... mais ça ira!.. ça ira!...

POLICHINELLE, reparaissant.

Oh ! il serait imprudent de me mesurer avec ce gaillard là... on revient encore... recachons-nous. (Il se retire dans un coin.)

LE COMTE DE SAULLES, entrant, (FRÉDÉRICK-LEMAITRE.)

Voilà donc où m'ont conduit trente ans de glorieux succès !

POLICHINELLE, s'approchant.

Qui êtes-vous ?

LE COMTE.

Je suis le comte de Saulles.

POLICHINELLE.

Et vous pleurez ?

LE COMTE.

Oui, je suis un comte de Saulles, pleureur. Pleurer, voilà

ma seule distraction... (Tirade du comte de Saulles.) « Pendant
« vingt ans, vous avez pu lui dire à cet enfant que vous
« l'aimiez... moi je clouais mes lèvres, j'écrasais mon cœur !...
« j'étouffais !... et je l'aimais !... Ah ! c'est trop étouffer !...
« allons, je suis grand amiral... mon canot me réclame...
« allons, à l'eau !.. à l'eau !... » (Il sort.)

POLICHINELLE, pleurant.

Il m'a tout attendri !... hi ! hi ! hi !... je voudrais quelque
chose de plus gai.

UNE CANTATRICE, entrant, (THÉRÈSA.)

De plus gai ?... voilà ! (Elle chante un couplet de : Rien n'est
sacré pour un sapeur, et sort.)

POLICHINELLE.

A la bonne heure !.. voilà qui se rapproche de mon genre...
j'aime ça... (Ici on entend une voix caverneuse.) Quésaco ?..

LE TRAGÉDIEN, entrant, (BEAUVALET.)

En arrivant ici je me voile la face !

(Il ferme ses bras.)

Partout chaque théâtre en vain m'offre une place,
Pâsques-Dieu ! mes rivaux ne le permettent pas !

(Ouvrant ses bras.)

O rage !... où désormais vais-je porter mes pas ?...
Voilà donc le destin du dernier des tragiques ?
· Si, pour les taquiner, je jouais les comiques ?
De Lafleur, de Frontin le costume m'irait...
Oui, je serais certain de faire un *beau valet !*

(Fermant ses bras.)

Mais non !... je rougirais de porter la livrée !...

(R'ouvrant ses bras.)

Ah ! puisqu'entre eux et moi la guerre est déclarée,
Vers un autre avenir je vais prendre mon vol.
La tragédie est morte, et j'entre chez Guignol !

(Il referme ses bras et emporte Polichinelle qui se débat en beuglant.
— Alors paraît le vieux buveur (Brasseur), qui chante un couplet, et
sort.)

TARTUFFE, (DUMAINE) entrant.

« Laurent, serrez ma haire avec ma discipline. »

LAURENT, paraissant.

Je prierai que toujours le ciel vous illumine.

TARTUFFE.

La maison de Molière est celle du bonheur :
Pour elle j'ai quitté la maison du baigneur.

LAURENT.

Mais il se peut qu'un jour le sort vous y ramène,
A la gaîté souvent un genre perdu mène.

TARTUFFE.
Pontis vaut bien Tartuffe, et certes que je puis
Jouer Tartuffe après avoir joué Pontis.

LAURENT.
Évidemment.

TARTUFFE.
Laurent, suivez-moi.

LAURENT.
C'en est trope!
Je prétends, à mon tour, jouer le misanthrope!

(Ils sortent.

LE JOUEUR DE FLUTE (DUPUIS), traversant le théâtre et chantant.

« Je célèbre la gloire immense
« Du grand consul Duillius !
« Allons, citoyens, faites place;
« C'est notre grand consul qui passe :
« Inclinez-vous,
« Il est le premier d'entre nous !
« Tu tu tu tu tu tu tu. »

(Il sort. — le rideau du petit théâtre tombe et le théâtre disparaît pour
faire place à un jardin féerique, au milieu duquel est une fontaine d'eau
jaillissante. — Des nymphes sont groupées autour de Lindor et de la
Princesse Fleur de Neige dont le génie semble bénir l'union.)

Neuvième Tableau.

LINDOR, à la Princesse.
Quoi ! de retour vous payez ma tendresse ?

FLEUR DE NEIGE.
Oui, je vous aime avec ivresse,
Et donne le signal
Du bal !

BALLET (*Musique de M. Lindheim.*)

(Au milieu du ballet le théâtre s'obscurcit. — Les eaux de la fontaine
s'illuminent et changent de couleur à chaque instant. — Le rideau
tombe sur un groupe final.)

FIN DU DEUXIÈME ACTE.

ACTE TROISIÈME

Dixième Tableau.

LE DRAME MILITAIRE

On frappe les trois coups et un instant après on entend la cloche du régisseur, puis la toile se lève sans ouverture et sans musiciens à l'orchestre. — Le théâtre représente des faux châssis sans coulisses et des rideaux de fond à demi descendus. — En scène on voit plusieurs machinistes en train de faire une mise en état. — Quand le rideau se lève, la cloche retentit encore.

SCÈNE PREMIÈRE

LE CHEF MACHINISTE, plusieurs Machinistes, ensuite CARCASSON.

LE CHEF, à ses hommes.

Allons, dépêchez-vous, dépêchez-vous, le second coup vient de sonner ; la répétition commence dans dix minutes.

CARCASSON, entrant par la gauche.

Oui dans dix minutes, sur *mon* Théâtre, entendez-vous, *mes* machinistes ? dans dix minutes *mes* musiciens descendront à *mon* orchestre, *mes* acteurs, *mes* actrices, *mes* figurants, tout ça répétera sur *mon* théâtre et dans *mes* costumes... car j'y suis enfin ! M'y voilà ! ces planches sont les miennes, ces quinquets sont à moi et demain je pourrai dire mon public... car demain j'ouvre mon théâtre. Oh ! je crois que c'est un rêve !... Mais il faut être juste, je me suis donné du mal... non-seulement j'ai rattrapé tous les acteurs qui m'avaient quitté, mais j'ai filouté tous ceux de mes confrères... jusqu'au régisseur de ce Grospoulot... jusqu'à mademoiselle Mousseline, une chanteuse d'opéra, que j'ai engagée pour jouer le drame militaire, diable, si elle allait chanter en jouant le drame... Eh ! Eh ! elle ne serait pas la première.

DUFOUILLIS, en dehors.

Par ici, mon cher ami, par ici.

CARCASSON.

Oh! oh !... M. Dufouillis ! encore un auteur que j'ai enlevé à l'Opéra, il ne voulait plus faire de pièces, mais je m'y suis pris si bien...

SCÈNE II

LES MÊMES, DUFOUILLIS, DÉSARDOISE.

DUFOUILLIS, entrant par la droite avec Désardoise.

Ne me quittez pas, on fait la mise en état.

DÉSARDOISE.

Ah! mais prenez bien garde à moi... j'ai déjà failli me casser le nez sur un rocher.

CARCASSON, à part.

Qu'est-ce qu'il nous amène-là, mon Dieu !

DÉSARDOISE, marchant comme sur des œufs.

Il n'y a pas de trappes sous mes pieds ?...

DUFOUILLIS.

Mais n'ayez donc pas peur.

DÉSARDOISE.

C'est que c'est très-dangereux un théâtre.

DUFOUILLIS, apercevant Carcasson.

Ah! justement... mon cher monsieur Carcasson... (Se tournant vers Désardoise.) M. Carcasson, notre directeur.

DÉSARDOISE, saluant.

Monsieur...

CARCASSON, idem.

Monsieur...'

DUFOUILLIS, à Carcasson.

J'ai l'honneur de vous présenter M. Désardoise, un de mes bons amis, un connaisseur, un critique d'infiniment d'esprit ; je l'amène à notre répétition générale, il nous donnera des conseils.

CARCASSON.

Certainement, monsieur... enchanté certainement... (A part.) C'est un gêneur !

SCÈNE III

LES MÊMES, FRACASSÉ.

FRACASSÉ, en dehors.

Monsieur Carcasson ! Monsieur Carcasson !

CARCASSON.

La voix de mon régisseur !... — Que me veut-il ?

FRACASSÉ, *accourant par la gauche.*

Ah ! vous voilà !... Tout est perdu !

TOUS.

Hein ?

FRACASSÉ.

Il n'y a pas de répétition aujourd'hui et il n'y aura pas de représentation demain.

CARCASSON.

Comment ?

DUFOUILLIS.

Juste ciel !

FRACASSÉ.

Landineau, le gros Landineau...

DUFOUILLIS.

Le Général Allemand ?...

FRACASSÉ.

Enlevé !

TOUS.

Enlevé ?

CARCASSON.

Un si gros Allemand !

FRACASSÉ.

Enlevé par le Directeur des Cocasseries comiques.

DUFOUILLIS.

Ma pièce arrêtée !

CARCASSON.

Arrêtée, jamais ! rien ne m'arrête, je jouerai le rôle !

DUFOUILLIS.

Vous ?

CARCASSON.

Moi !

DUFOUILLIS.

Mais saurez-vous ?...

CARCASSON.

Je sais toute la pièce.

DUFOUILLIS.

Je ne vous demande pas si vous saurez le rôle, je vous demande si vous saurez le jouer.

CARCASSON, *noblement.*

Si je saurai... Vous allez voir la répétition, monsieur, vous allez voir la répétition ! — (Au régisseur.) Tout le monde sur le pont ! — (Il sort par la gauche avec Fracassé. — Les machinistes continuent de travailler.)

SCÈNE IV

DUFOUILLIS, DÉSARDOISE.

DUFOUILLIS.

Il a une confiance qui m'effraie... ou plutôt qui me rassure... Ah ! je ne voulais plus faire de pièces... je n'en voulais plus faire...

DÉSARDOISE.

Eh bien ! vous avez tort, je ne connais pas ce monsieur... mais il me représente assez un Allemand.

DUFOUILLIS.

Mais ce rôle remplit toute l'action militaire.

DÉSARDOISE.

Ah ! ça, c'est donc un drame militaire que vous faites représenter?

DUFOUILLIS.

Certainement, le siége d'Arkinkandiskoff.

DÉSARDOISE.

D'Arkankin... quoi?

DUFOUILLIS.

Pas d'Arkankin, — d'Arkinkandiskoff.

DÉSARDOISE.

Quel est ce siége?

DUFOUILLIS.

Un siége de mon invention ; ma pièce renfermait des idées trop nouvelles pour les prêter à l'histoire.

DÉSARDOISE.

Ah ! c'est de la fantaisie?

DUFOUILLIS.

Non pas, c'est un poëme dont l'action ne se passe nulle part, ni à aucune époque, mais qui est de tous les temps et pourrait se passer partout.

DÉSARDOISE.

Je comprends, vous avez fait une pièce qui n'a l'air de rien, pour ne blesser personne.

DUFOUILLIS.

C'est ça.

DÉSARDOISE.

C'est très-habile !

DUFOUILLIS.

Oui, je crois que ce n'est pas maladroit!

DÉSARDOISE, remontant.

Ah ! ça, va-t-on bientôt commencer?

DUFOUILLIS.

Ça dépend de M. Carcasson... il doit être en train de s'habiller.

DÉSARDOISE, arrivé au fond et appelant.

M. Carcasson !.. M. Carcasson !... (Depuis le commencement
de l'acte, les machinistes ont toujours placé leur décor. — A ce moment on entend crier : Gare là dessous ! et une toile représentant une
forêt tombe du cintre sur la tête de Désardoise.)

DÉSARDOISE.

Eh bien ! Eh ! bien !.. Qu'est-ce que c'est donc que ça?

UN MACHINISTE, le dégageant.

Prenez-donc garde, monsieur.

DÉSARDOISE.

Il est bien temps de me le dire.

DUFOUILLIS.

Ce n'est rien... C'est la forêt.

DÉSARDOISE.

Ah ! j'avais une forêt sur la tête.

DUFOUILLIS.

Restons à l'avant-scène, c'est plus prudent. (Ils descen-
dent sur le devant. — Ici l'on entend de nouveau le son de la cloche.)
Oh ! oh ! voilà qu'on se prépare.

FRACASSÉ, reparaissant avec sa cloche venant de la droite.

Le troisième coup est sonné, les musiciens à l'orchestre,
tout le monde au théâtre ! Ah ! Baptiste, les chaises les, chaises donc pour l'avant-scène.

UN GARÇON DE THÉATRE, apportant deux chaises.

Voilà ! voilà ! (Il va les placer aux deux extrémités du théâtre, à
l'avant-scène.)

FRACASSÉ.

Messieurs, veuillez vous asseoir, nous allons faire baisser
le rideau ! (S'adressant au cintre.) Au rideau ! (Le rideau d'avant-
scène tombe, — on voit les musiciens entrer à l'orchestre et se placer
pendant le dialogue suivant.)

DUFOUILLIS, désignant à Désardoise la chaise de droite.

Placez-vous là, mon cher ami, et, vous savez, ne vous gê-
nez pas pour interrompre ; c'est une répétition générale en
costumes, avec l'orchestre; mais ça ne fait rien, j'ai prévenu
qu'on interromprait. (Il se dirige vers la chaise de gauche.

DÉSARDOISE.

Vous ne restez pas à côté de moi?

DUFOUILLIS.

Non, je suis en face, j'ai besoin de solitude pour prendre
mes notes. (Il tire un calepin de sa poche.) Mais nous commu-
niquerons facilement. — (On frappe les trois coups.) Ah ! nous y

voilà !.. Ecoutez bien l'ouverture, c'est très-important ! (Il
s'assied à gauche.)

DÉSARDOISE, s'asseyant à droite.

Oui, l'ouverture d'une pièce doit annoncer la pièce, c'est
une symphonie musicale, qui doit instruire le public du lieu
où se passe l'action et des personnes qu'il va voir.

DUFOUILLIS.

C'est cela, écoutez !... (Ouverture très-bruyante, trompettes,
timballes, tambours, grosse caisse.)

Onzième Tableau.

(Le rideau se lève, on revoit la forêt, le théâtre est vide, on entend une
pétarade. — La musique du drame est de M. Lindheim).

DUFOUILLIS.

L'action commence. (Musique animée—Le canon gronde, plusieurs
soldats allemands venant de la droite, traversent le théâtre en causant,
ils vont sortir lorsque Carcasson sous l'uniforme d'un général allemand
arrive de la droite en faisant de grandes enjambées.)

SCÈNE PREMIÈRE

DUFOUILLIS, DÉSARDOISE, LE GÉNÉRAL ALLEMAND, SOLDATS ALLEMANDS.

LE GÉNÉRAL ALLEMAND.

Halte ! Enfants, l'affaire sera chaude, ce bois est le point de
mire de l'ennemi et s'il y pénètre, mille millions de milliasses
de sabretaches, il y sera pris comme dans une souricière. Par
une tactique adroite, j'ai caché un de mes soldats derrière
chaque arbre... une fois l'ennemi engagé dans le bois... feu
partout... (Appelant), Major Chamberlac !

SCÈNE II

LES MÊMES, FORTENQUILLE, sous le costume du Major Chamberlac.

LE MAJOR, paraissant.

Chén'ral !, (Salut militaire.)

LE GÉNÉRAL.

Quoi de nouveau ?

LE MAJOR, accent allemand.

Le forêt de Crakouski elle être cernée de toutes les côtés, chén'ral.

LE GÉNÉRAL.

Ils se doutaient donc que nous sommes dedans?

LE MAJOR.

Ya, chén'ral, vous âfre cru les surprendre et c'être eux, j'en âfre beur, qui vous ont mis dedans,.. cette forêt.

LE GÉNÉRAL.

Qu'est-ce que vous me chantez-là? Vous ne savez ce que vous dites.

DÉSARDOISE.

Pardon, puis-je hasarder une observation?

DUFOUILLIS.

Comment donc... Je vous en prie.

DÉSARDOISE.

Ces deux messieurs sont des Allemands?... Badois ou Salz-bourgeois... n'importe...

DUFOUILLIS.

Oui.

DÉSARDOISE.

Ils causent entre eux dans une forêt.

DUFOUILLIS.

Oui.

DÉSARDOISE.

Alors, pourquoi parlent-ils français?

DUFOUILLIS.

Mais, mon cher ami, ils sont censés parler allemand.

DÉSARDOISE.

Mais alors, pourquoi M. le général parle-t-il un excellent français, qui est censé un excellent allemand, tandis que l'autre baragouine un langage qui n'est ni français ni allemand?

DUFOUILLIS.

Mon cher, c'est absurde, j'en conviens, mais ça se fait comme ça dans toutes les pièces militaires, c'est reçu.

DÉSARDOISE.

Du moment que cette absurdité est consacrée, je me tais... passons...... continuez.

LE GÉNÉRAL, à part.

Je l'avais bien dit, c'est un gêneur.

LE MAJOR, à part.

C'est une oie !

DÉSARDOISE.

Vous dites ?...

LE MAJOR.

Je dis! c'est à moi.... à continuer...

DÉSARDOISE.

Ah! bon! bon! continuez.

LE MAJOR.

J'étais lancé!... ne m'arrêtez plus! (Reprenant son rôle) y âfre de l'artillerie, chén'ral, y âfre beaucoup d'artillerie et beaucoup de gavallerie.

LE GÉNÉRAL.

Dans une forêt, major, l'artillerie et la cavalerie ne valent pas l'infanterie, ça contrarie la mousqueterie. Vous êtes sûr de vos hommes?...

LE MAJOR.

Ya, chén'ral, je les âvre placés derrière tous les arbres.

LE GÉNÉRAL.

Bien, major, retournez à votre poste.

LE MAJOR, qui allait pour sortir revenant.

Ah! chén'ral, j'âfre oublié de vous dire qu'un jeune parlementaire il èdre là temande à fous barler.

LE GÉNÉRAL.

Un parlementaire?

LE MAJOR.

Que c'èdre pressé, qu'il a dit, pour ainsi dire, sans en avoir l'air.

LE GÉNÉRAL.

Et vous ne m'en disiez rien?... Si vous n'étiez Méklembourgeois, je vous traiterais d'imbécile

LE MAJOR, confus.

Chén'ral!...

LE GÉNÉRAL, très-calme.

Faites entrer le parlementaire.

LE MAJOR.

Ya, chén'ral!

DÉSARDOISE.

Pardon, puis-je en hasarder une?

DUFOUILLIS.

Comment donc!

DÉSARDOISE.

Nous sommes dans une forêt, n'est-ce pas?...

DUFOUILLIS.

Oui.

DÉSARDOISE.

Alors pourquoi le général dit-il : Faites entrer!

LE GÉNÉRAL.

Faites entrer dans la forêt.

DÉSARDOISE.
On ne dit pas faites entrer dehors.
DUFOUILLIS.
Permettez, le verbe entrer signifie passer du dehors au dedans. Or, l'armée ennemie n'a pas encore pu pénétrer dans le bois dont chaque arbre, vous l'avez entendu dire, est gardé par un soldat.
DÉSARDOISE.
Oui, c'est même très bien exposé ; on voit tous ces soldats le long des arbres : on se figure le tableau. — C'est très bien.
DUFOUILLIS.
Donc le bois est fermé ; donc le général peut dire : faites entrer dans le bois celui qui est en dehors du bois.
LE MAJOR.
Certainement, à preuve la chanson qui dit aux jeunes filles :

Entrez dans le bois,
Pendant que le loup n'y est pas !

DÉSARDOISE.
Mon ami, vous ne la connaissez même pas cette chanson !— On dit :

Prom'nons-nous dans les bois,
Pendant que le loup n'y est pas.

Et d'ailleurs cette plaisanterie grivoise ne peut s'appliquer à un parlementaire : — Faites approcher le parlementaire : — vaudrait mieux que : Faites entrer le parlementaire. —
DUFOUILLIS.
C'est possible. — Monsieur Carcasson, vous direz : Faites approcher le parlementaire.
LE GÉNÉRAL.
Ça m'est égal. (A part.) Décidément c'est un gêneur.
LE MAJOR, à part.
Quelle grue !.
DÉSARDOISE.
Vous dites?
LE MAJOR.
Je dis : je continue.
DÉSARDOISE.
Ah ! bon !
LE GÉNÉRAL, recommençant,
Faites approcher le parlementaire.
LE MAJOR.
Ya, chén'ral ! (Il sort par la droite. — Musique).

LE GÉNÉRAL, seul.

Sans doute il vient me faire des propositions de paix. Ne nous laissons pas entraîner par le désir que j'éprouve de revoir Pépita, ma maîtresse.

DUFOUILLIS, à Désardoise.

N'est-ce pas, il y a de l'intérêt dans ce militaire qui lutte entre son devoir et ses affections?

DÉSARDOISE.

C'est très-intéressant, très-bien posé. Ça promet.....

LE GÉNÉRAL.

Mais le parlementaire s'approche, il a les yeux bandés; cachons-lui mon trouble. (Musique douce.)

DÉSARDOISE.

Cacher son trouble à celui qui a les yeux bandés.... ça n'est pas très-clair.... enfin....

SCÈNE III

LES MÊMES, LE MAJOR, conduisant le PARLEMENTAIRE. — Ils entrent de la droite.

(Ce personnage est joué par Mousseline costumée en aide-de-camp français de la République)

LE MAJOR.

Chén'ral, voilà la parlementaire.

LE GÉNÉRAL.

Retirez-lui son bandeau.

L'AIDE-DE-CAMP, quand le bandeau est enlevé.

Coucou !... (Regardant le général.) ah ! le voilà !

DÉSARDOISE, riant.

Eh ! eh ! eh ! eh !..

DUFOUILLIS.

N'est-ce pas, c'est original ?

DÉSARDOISE.

Oui, c'est bien là le parlementaire parisien...

LE MAJOR, au parlementaire.

Vous riez toujours, vous autres... vous êtes toujours ricolo.

LE GÉNÉRAL, au parlementaire.

Nous ne sommes pas ici pour plaisanter, monsieur.

L'AIDE-DE-CAMP.

Ne vous fâchez pas, petit père. Je viens de la part de mon général qui est pour vous dans les intentions les plus généreuses.

LE GÉNÉRAL.
Nous n'avons que faire de sa générosité.

L'AIDE-DE-CAMP.
Permettez.... vous n'êtes pas épais ici ?..

LE GÉNÉRAL.
Nous ne sommes pas épais... que signifie.... ?

LE MAJOR.
Nous ne sommes bas ébais.... cheune homme, vous tenir ton langue.

L'AIDE-DE-CAMP.
Autrement dit, vous n'êtes pas nombreux ; on ne se foule pas à la porte.

LE GÉNÉRAL.
Jeune homme, derrière ces arbres dix mille Mecklembourgeois et autant de Wurthembourgeois ont l'œil sur vous.

L'AIDE-DE-CAMP.
Eh bien ! général, celui qui m'envoie vous donne cinq minutes pour prier tous ces messieurs de déposer les armes...

LE GÉNÉRAL.
Nom d'un pétard !..

L'AIDE-DE-CAMP.
A cette condition seulement, il consent à ne pas les escarbouiller tous.

LE GÉNÉRAL.
Les escar, quoi ?...

LE MAJOR, au parlementaire.
Je vous âfre dit de tenir ton langue...

L'AIDE-DE-CAMP.
Les démolir, si vous entendez mieux... eh bien, général, votre réponse ?

LE GÉNÉRAL.
Monsieur, dites à votre général de venir la chercher. — Major Chamberlac, remettez le bandeau et reconduisez le parlementaire jusqu'à la visière... la lisière de la forêt.

LE MAJOR.
Ya, chén'ral.

LE PARLEMENTAIRE.
A bientôt le bal, messieurs !... (Musique douce pour la sortie sur l'air : au bal, de Doche. — Le major et le parlementaire sortent par la droite.)

DUFOUILLIS, à Désardoise.
N'est-ce pas, c'est bien le style des camps ?

DÉSARDOISE.
Oui, c'est écrit militairement. —Chut ! le général va parler.

SCÈNE IV

DÉSARDOISE, DUFOUILLIS, LE GÉNÉRAL, SOLDATS AL-
LEMANDS ensuite LE MAJOR.

LE GÉNÉRAL, seul.

Ils nous menacent!... Il osent nous menacer!... (Il écrit sur
un agenda.) Lieutenant, cet ordre au colonnel Tapmanu ; dites-
lui de se porter en avant avec ses soldats; vous suivrez la
colonne avec votre compagnie (Il donne l'ordre au lieutenant, qui
ort par la auche. — Ici une fusillade plus rapprochée, puis le canon.)
Le canon! la fusillade!... serions-nous attaqués? (Musique
agitée).

LE MAJOR, accourant de la droite.

Terteiffle!... vingt mille canons de 36!... der deuffel...
cinquante mille schlagues!...

LE GÉNÉRAL.

Qu'y a-t-il, major?... vous arrivez toujours comme un
boulet rayé!...

LE MAJOR.

Y a, chén'ral, y a que l'ennemi se montre partout dans la
forêt.

LE GÉNÉRAL.

Et les soldats placés derrière les arbres..... pourquoi ne
ripostent-ils pas?

LE MAJOR, accablé.

Ils ne ribostent pas.

LE GÉNÉRAL.

Ne sont-ils plus droits et solides?

LE MAJOR.

Non, chén'ral, ils ne sont plus droits du tout derrière les
arbres.

LE GÉNÉRAL.

Mais alors, il nous faut battre en retraite.

LE MAJOR.

Je le grois, chén'ral, je le grois!

LE GÉNÉRAL.

Replions-nous sur la forteresse d'Arkinkandiskoff. (Tambour
au lointain.) J'entends l'ennemi qui bat la charge...

LE MAJOR.

Pourvu qu'ils ne battent pas la chénérale!

LE GÉNÉRAL.

Pas de jeux de mots, Major. Protégez la retraite. Je vous
attends à la forteresse d'Arkinkandiskoff... (Il s'éloigne vivement,

par la gauche avec ses soldats. — Le major sort par la droite. — la
musique continue. Ici commence une mise en scène du Cirque. On voit
tous les Allemands se replier et se diriger à reculons vers la gauche par
laquelle ils disparaissent, et la scène reste vide. Alors le tambour se
fait entendre de nouveau et l'on voit paraître par la droite un grand
tambour-major qui fait le tour du théâtre, traînant après lui l'armée
française.)

SCÈNE V

DUFOUILLIS, DÉSARDOISE, LE GÉNÉRAL FRANÇAIS, SOL-
DATS FRANÇAIS.

LE GÉNÉRAL FRANÇAIS, entrant le dernier et s'adressant à
ses soldats.

Soldats ! vous avez déjà pris Gratustuche, Blaguebourg.
Fichtenferlich, Kirkosen et Groschafichtabac. Maintenant,
l'ennemi se dirige, à travers la forêt de Crakouski, par la
route de Silbergroschènevatferfichtad, vers la forteresse d'Arkinkandiskoff. C'est l'instant de poursuivre, suivez-moi!...
(Il sort avec ses soldats par la gauche. — Musique. — Le tambour-
major refait le tour du théâtre. — Le théâtre change et représente la
tente du général allemand.)

Douzième Tableau.

SCÈNE PREMIÈRE

DUFOUILLIS, DÉSARDOISE.

DÉSARDOISE.

Bravo ! Bravo !... très-bien !

DUFOUILLIS.

Vous n'avez pas d'observations ?

DÉSARDOISE.

Aucune : ce premier tableau est d'autant mieux qu'il est
complétement neuf; le caractère du général Bavarois ou
Hessois, je ne sais pas au juste, est magnifique : c'est pris
dans le vif.

DUFOUILLIS.

Nous voilà sous la tente!

DÉSARDOISE.

Je ne vous cache pas que je m'y attendais un peu.

DUFOUILLIS, montrant un soldat qui apporte une table sur laquelle il
pose une carte géographique.

Ah! voilà le brosseur du général. (Le soldat sort. — Élevant
la voix.) Continuons, M. le Régisseur!... (Musique. On voit entrer par la droite le général du tableau précédent avec un autre général.)

SCÈNE II

LES MÊMES, LE GÉNÉRAL ALLEMAND, UN DEUXIÈME
GÉNÉRAL.

LE GÉNÉRAL ALLEMAND.

Venez, général, venez! (Allant à la table placée sous la tente et
déroulant la carte.) Voilà mon plan de campagne : Pendant que
nous occupons l'ennemi sur les hauteurs de Topinamberg et
que nous le harcelons dans les plaines de Rachenstad, nous
gagnons les défilés de Blaguebourg qui conduisent à la forteresse d'Arkinkandiskoff, et nous établissons notre premier
corps d'armée ici, au carrefour de Silbergroschènevatfairfi-
chtad... m'approuvez-vous, général ?

LE DEUXIÈME GÉNÉRAL, joué par Briolet.

A votre place, général... (Ici, un grand bruit derrière le rideau
de fond. On entend le marteau des machinistes. — Reprenant sa phrase.)
A votre place, général... (S'interrompant.) Ah! il n'y a pas
moyen de jouer avec ce vacarme!..

DUFOUILLIS.

Ne faites pas attention : c'est la forteresse qu'on pose derrière.

LE DEUXIÈME GÉNÉRAL.

Mais je pose devant, moi!.. et je ne m'entends pas!.

DÉSAULDOISE.

Ça ne fait rien!.. dans toutes les pièces militaires, il y a
toujours un moment où l'on n'entend rien du tout; le public
y est habitué.

DUFOUILLIS.

Oui, oui, continuez!..

LE GÉNÉRAL ALLEMAND.

Oui, oui, continuez donc...

LE DEUXIÈME GÉNÉRAL.

Vous êtes charmant... vous avez un grand rôle; moi je
n'ai que dix lignes, et je ne veux pas les perdre ! (Criant.)
Qu'on ne tape pas quand je parlerai!.

DUFOUILLIS.

Dominez le bruit, mais n'arrêtez pas!..

LE DEUXIÈME GÉNÉRAL, continuant.

A votre place, général, je tournerais le défilé, là, où je

plante cette épingle, je le laisserai sur la gauche et j'arriverais de flanc... (Ici, piétinement des chevaux derrière le rideau du fond.) Ah! c'est insupportable!

DÉSARDOISE.

Ne faites donc pas attention, c'est le piétinement des chevaux qui attendent leur réplique; c'est toujours comme ça dans les pièces militaires..

DUFOUILLIS.

Mais certainement. Continuez donc!

LE DEUXIÈME GÉNÉRAL.

Faites donc de l'art dans une écurie!... Ah! quel métier!... Enfin!.. (Reprenant) et j'arriverais à Bergamstrong en traversant le fleuve; je m'ouvrirais ainsi les chemins montagneux qui mènent...

VOIX DE FRACASSÉ, criant.

Taisez-vous donc! on ne s'entend pas. Chut! silence!..

LE DEUXIÈME GÉNÉRAL, se retournant vers la coulisse.

Et vous, ne criez donc pas plus fort que les autres!

DÉSARDOISE.

C'est la voix du Régisseur qui réclame le silence. C'est toujours la même chose,... vous n'y changerez rien...

DUFOUILLIS.

Que de prose perdue!..

DÉSARDOISE, aux acteurs.

Allez votre train, messieurs, allez votre train.

LE GÉNÉRAL ALLEMAND.

Je vous ai compris, général, et la victoire est certaine; suivez-moi; nous allons visiter les postes avancés. (Ils sortent par la gauche. Musique. — Catherine et l'aide-de-camp entrent par la droite. — Catherine est jouée par Cidalyse.)

SCÈNE III

DUFOUILLIS, DÉSARDOISE, CATHERINE, L'AIDE-DE-CAMP;
PUIS SOLDATS ALLEMANDS.

L'AIDE-DE-CAMP, poursuivant Catherine.

Voyons, charmante vivandière, ne sois donc pas méchante.

CATHERINE.

Vous m'avez demandé la tente du général, la v'là; maintenant, laissez-moi partir. (Elle va pour sortir à droite.)

L'AIDE-DE-CAMP, la retenant.

Non pas. Le général étant absent, tu dois rester avec moi, pour me garder à vue; tu dois toujours avoir ces beaux yeux-là braqués sur l'ennemi.

CATHERINE.

C'est que c'est vrai que nous sommes ennemis !..

L'AIDE-DE-CAMP.

A mort !. (Il l'embrasse.) A preuve,...

CATHERINE.

Tiens ! vous embrassez vos ennemis, vous ?

L'AIDE-DE-CAMP.

Allons donc ! Est-ce que les jolies filles sont mes ennemies?.. Allons, tope-là ! veux-tu ?

CATHERINE, topant.

Tout de même.

L'AIDE-DE-CAMP.

Comment t'appelles-tu ?

CATHERINE.

Catherine Grogalodsedlitz.

L'AIDE-DE-CAMP.

Catherine me suffit. Catherine, tu es une brave et belle fille, et quand nous serons vainqueurs, je ferai de toi la vivandière de mon régiment.

CATHERINE.

De moi, Catherine Grogalodsedlitz ?..

L'AIDE-DE-CAMP.

Parfaitement, et si tu ne regrettes pas quelque amoureux dans l'armée allemande?..

CATHERINE.

Des amoureux, je n'en ai qu'un, le major Chamberlac ; et il est si mal tourné !..

L'AIDE-DE-CAMP.

Ainsi, tu consens?

CATHERINE.

Pardine !.. d'autant que je suis peut-être bien un peu française aussi, moi.

L'AIDE-DE-CAMP.

Comment ! avec ton nom allemand?..

CATHERINE.

Ça n' fait rien, si j'en crois la chanson du pays.

L'AIDE-DE-CAMP.

Une chanson ?

CATHERINE.

Oui, sur la bataille de Montarlitz.

L'AIDE-DE-CAMP.

Et qu'est-ce qu'elle chante, cette chanson?

CATHERINE.

Voilà !.. (Bruyante ritournelle... Des soldats allemands entrent dans la tente pendant la ritournelle.)

DÉSARDOISE.

Ah! bravo!... je m'y attendais encore à la ronde militaire !.

DUFOUILLIS.

Ça fait toujours bien!.. Et remarquez ces soldats qui entrent exprès pour chanter le refrain !

CATHERINE.

Air nouveau *de M. Lindheim.*

Dans le combat de Montarlitz,
Dont on ne se souvient plus guère,
Un Français, brave militaire,
Fut blessé par un Kinserlitz,
Et, dans la plaine d'Ogolitz,
Quand le brave allait rendre l'âme,
Il fut secouru par la femme
Du pauvre Grogalodsedlitz!
       Dzing ! dzing ! dzing ! boum ! } *(bis.)* } *(bis)*
      Taratatala !
    Taratatala, dzing ! boum. *(bis.)*
      Maladzim ! *(ter.)* Boum-boum !

II.

Pendant ce temps, au champ d'honneur,
L'époux, qui se couvrait de gloire,
Aidait puissamment la victoire
Par maint et maint trait de valeur,
Et, sur le champ de Montarlitz,
Un major, qu'était long d'une aune,
Décora d'un beau ruban jaune
Le brave Grogalodsedlitz !

L'AIDE-DE-CAMP ET CATHERINE.

ENSEMBLE.

Dzing, dzing, dzing, boum ! etc.

CATHERINE.

III.

Mais la guerre dura deux ans,
Et, quand il revint, on assure
Que le Français de sa blessure
Etait guéri depuis longtemps.
Grâce au combat de Montarlitz,
Une toute petite fille
Avait augmenté la famille
Du vaillant Grogalodsedlitz!

TOUS LES PERSONNAGES EN SCÈNE.
Dzing, dzing, dzing, boum! etc.
(Après le chœur, les soldats sortent.)

DESARDOISE.

Charmant, cette chanson sur le champ de bataille ! Bravo...
bravo!..

L'AIDE-DE-CAMP.

Mais alors, vous êtes des nôtres jolie Catherine, et vous
n'avez plus le droit de me refuser un baiser, deux baisers,
trois baisers ! ! (Il embrasse Catherine.)

SCÈNE IV

LES MÊMES, LE MAJOR CHAMBERLAC.

LE MAJOR, qui vient d'entrer par la droite.
Que vois-je, Tarteiffle?...

CATHERINE.
Le Major!...

L'AIDE-DE CAMP.
Le grand Faucheux !..

LE MAJOR.
Gaderine qui parlemente avec le parlementaire !... (Tirant
son sabre) Il faut que je le coupe en deux !..

L'AIDE-DE-CAMP, tirant son sabre.
Alors, moi, je vais te couper en huit !..

LE MAJOR, se mettant en garde.
. Mais tu|êtres trop petit pour me faire peur.... Mais c'est à
peine si tu es sorti de terre.

L'AIDE-DE CAMP.
Eh bien ! toi, on a dû rudement t'arroser pour te faire
pousser comme ça !.. En garde !... (Musique. — combat à la fin
duquel le major est désarmé.)

L'AIDE-DE-CAMP, au Major dont il a fait sauter l'épée.
Major, vous êtes mon prisonnier !...

LE MAJOR, sortant, par la droite, entraîné par Catherine et l'Aide-de-
Camp.
Moi, le major Chamberlac, prisonnier d'une si petite
militaire !

DÉSARDOISE.
Bravo ! bravo ! bravo !

DUFOUILLIS.

Pas d'observations?

DÉSARDOISE.

C'est un chef-d'œuvre!... (Le théâtre change et représente la forteresse d'Arkinkandiskoff. — Au fond la forteresse sur les créneaux de laquelle on aperçoit le général allemand et tous ses soldats.)

Treizième Tableau,

DÉSARDOISE.

Ah! ah! voilà la forteresse!...

DUFOUILLIS.

Vous allez voir.

LE GÉNÉRAL ALLEMAND, à ses soldats.

L'ennemi s'avance : aux armes!... (Ils disparaissent. — Musique militaire. — Quand la scène est vide, on entend le tambour se rapprocher et l'on voit le même tambour-major rentrer en scène, traînant toujours après lui les mêmes soldats. Il fait le tour du théâtre comme au tableau précédent, et le régiment se range en bataille le long des coulisses, côté gauche. — Alors, on voit reparaître l'armée ennemie qui vient se ranger en bataille le long des coulisses côté droit. — Quand toutes deux se trouvent en face l'une de l'autre, le Général allemand crie : en joue! feu! — Désardoise se bouche les oreilles, mais on n'entend que le bruit des chiens qui s'abattent sur les bassinets.)

DÉSARDOISE.

Tiens! ils ne tirent pas!...

DUFOUILLIS.

Non! nous répétons pour les mouvements, ils est inutile d'user de la poudre.

DÉSARDOISE.

Ah! très-bien! très-bien!... je préfère même cela!...

LE GÉNÉRAL FRANÇAIS.

En joue! feu!... (Répétition du même bruit.)

LE GÉNÉRAL ALLEMAND.

En joue! feu! (Même répétition.)

LE GÉNÉRAL FRANÇAIS.

En joue! feu!... (Même répétition.)

DÉSARDOISE.

Dites donc... dites donc... mais voilà deux heures qu'ils tirent et personne ne tombe.

DUFOUILLIS.

Oui, ça se fait comme ça au théâtre du Châtelet... le public y est habitué.

LE GÉNÉRAL FRANÇAIS.

Soldats! à la baïonnette!... (Musique. Tous les Français fondent
sur les ennemis au pas de charge et tous disparaissent à droite.)

DÉSARDOISE.

Oh! très-bien! parfait!.

DUFOUILLIS.

Vous allez voir, vous allez voir!.. (Musique. Les Allemands font
une sortie de la forteresse, et là ont lieu toutes sortes de combats, entre-
autres un combat du drapeau, entre le deuxième général allemand et une
vivandière française. La vivandière le tue après un combat acharné. Le
général français, rentre par la droite.)

LE GÉNÉRAL FRANÇAIS.

Qu'on attaque avec la grosse artillerie. (Ici quatre soldats
paraissent traînant avec peine un tout petit canon qu'ils conduisent devant le trou du souffleur. Le général le pointe sur la forteresse et y met
le feu. On entend le bruit d'un pétard et la forteresse s'écroule. —
L'orchestre joue : la victoire est à nous. L'armée française rentre. Le
général allemand parait avec le major Chamberlac qui porte un plat
d'argent. — Ils sont suivis de tous les soldats allemands portant la crosse
en l'air.)

LE GÉNÉRAL ALLEMAND, sortant de la forteresse, au général français.

Commandant, la forteresse étant complétement ouverte, je
vous en apporte les clefs sur un plat d'argent !

LE MAJOR, donnant une clef au général français.

Voilà ! je garde celle de la cave... pour fous offrir une
ponne pouteille de vin du Rhin... Oh ! mais que j'être donc
humilié ! si tant seulement j'âfre conservé ma sabre !

LE GÉNÉRAL FRANÇAIS, au général allemand.

Général ! les Français sont généreux, et pour vous consoler
de votre glorieuse défaite, je vous offre une petite fête en
l'honneur de la liberté des théâtres.

LE MAJOR.

La liberté des théâtres? qu'est-ce que c'est que ça?.. faites
voir.

DÉSARDOISE.

Oh ! finir par de la danse, c'est bien usé.

DUFOUILLIS.

Vous avez raison : aussi ai-je fait un vaudeville final, afin
qu'on s'en aille sur quelques traits d'esprits.

LE MAJOR.

Traits d'esprit... traits d'esprit... on demande à voir.

LE GÉNÉRAL ALLEMAND.

Eh bien, c'est entendu... après la danse, nous chanterons
un Vaudeville final.

LE GÉNÉRAL FRANÇAIS.

Que la fête commence ! (Roulement de tambours, la forteresse disparaît et l'on aperçoit Paris couvert de théâtres.)

Quatorzième Tableau.

Cortége de tous les représentants des théâtres.

BALLET (*Musique de M. Lindheim.*)

(Après le ballet, l'Aide-de-Camp entre avec Catherine.)

VAUDEVILLE FINAL.

Air *de Lindheim.*

LE GÉNÉRAL FRANÇAIS

A la liberté
Chantons un hymne poétique !
Cette liberté
Va faire un Paris enchanté.

TOUS.

Ah ! ah ! la voilà
La liberté dramatique ;
Ah ! ah ! la voilà !
Mes amis, célébrons-la !

LE DEUXIÈME GÉNÉRAL.

Quand les spectateurs
Seront acteurs, ça s'ra comique ;
Faudra qu'les acteurs
Alors se fassent spectateurs.

TOUS.

Ah ! ah ! la voilà, etc.

DÉSARDOISE.

Un monsieur promet
Un théâtre photographique,
Où chacun s'ra fait...
Si l'on d'mand' bis, on s'ra refait.

TOUS,

Ah ! ah ! la voilà, etc.

DUFOUILLIS.

Dans chaque maison
Avant d'répandre l'art scénique,
Se souviendra-t-on
Qu' l'art séniqu' peut être un poison?

TOUS.

Ah! ah! la voilà, etc.

LE GÉNÉRAL ALLEMAND.

On lit près l' pont-neuf :
« Théâtre des bêt's... » c'est magnifique!
Ce théâtre neuf
Sera toujours plein comme un œuf.

TOUS.

Ah! ah! la voilà, etc.

CATHERINE.

Au sous-sol placé,
Un théâtre, sous un' boutique,
Vient d'être annoncé...
Encore un théâtre enfoncé!

TOUS.

Ah! ah! la voilà, etc.

LE MAJOR.

On vient d'me parler
D'un théâtre pharmaceutique;
On peut s'y fou'er,
Mais j' défi qu'on m'y fasse aller.

TOUS.

Ah! ah! la voilà, etc.

LE MAJOR.

Nous pourrions comm' ça
Vous en chanter à la douzaine,
Mais ça s'rait trop long
Et ça nous f'rait passer minuit.

TOUS.

Ah! ah! la voilà, etc.

L'AIDE-DE-CHAMP, au public.

Officier Français,
Je m'avance en parlementaire :
Aurons-nous la paix ?
Pour nous la paix, c'est un succès!

Ah ! ah ! nous voilà,
Ne demandant qu'à vous plaire.
Ah ! ah ! nous voilà !
Aurons-nous ce bonheur-là ?

TOUS.

Ah! ah ! nous voilà, etc.

(Danse générale. — le rideau tombe.)

FIN DU TROISIÈME ET DERNIER ACTE.

VARIANTES

POUR LA PROVINCE ET L'ÉTRANGER

A la fin du cinquième tableau, Cabocini devra sortir avant le chœur, et, à peine le rideau baissé, il devra reparaître à l'orchestre, de manière à continuer l'acte sans la moindre interruption.

Après son monologue qui remplit le sixième tableau, le septième commencera et ira sans aucun changement jusqu'à ce vers :

Dieu ! quel costume magnifique !

A partir de ce moment, l'acte se continuera ainsi :

LINDOR.
Dieu ! quel costume magnifique !
LE GÉNIE.
Mais Fleur-de-Neige est un peu lunatique,
Pour la séduire mieux, tiens, prends ce talisman.
(Il lui donne un croissant en diamant.)

Ici, passer toute la musique qui, aux Variétés, amène le violon et aller tout de suite à la phrase chantée : Je n'en sais pas jouer, en changeant les paroles ainsi :

LINDOR.
Eh mais ! c'est un croissant,
LE GÉNIE.
Une bonne fortune,
Car il ramènera son esprit de la lune.
LINDOR.
Eh bien ! je veux en juger à l'instant.

Il agite son talisman et ici, dans les théâtres où l'on pourra le faire, le balcon de la princesse se métamorphosera en une corbeille de fleurs qui amènera Fleur-de-Neige en scène. (Ce truc ou tout autre.) Dans les théâtres non machinés, la princesse entrera par la coulisse.

Dans tous on passera les variations qui, aux Variétés, remplissent ce tableau, et l'on arrivera de suite à ce vers :

D'où viennent les doux sons qui charment mon oreille.

en le modifiant ainsi ;

FLEUR-DE-NEIGE.

Où suis-je, et quel est donc le charme qui m'éveille ?

LINDOR.

C'est elle !

FLEUR-DE-NEIGE.

Ah! qu'il est donc gentil,
C'est un amour, une merveille,
Parlez, que faites-vous ici ?

LINDOR.

Je suis Lindor.

FLEUR-DE-NEIGE.

Je crois rêver encore.

LINDOR.

L'esclave en tout de celle que j'adore.
(Il se met à ses genoux.)

Et de là on ira tout de suite à ces mots :

FLEUR-DE-NEIGE.

Eh bien! le ténor manque son entrée.

LE GÉNIE.

Le ténor! prévenez Fortenquille, etc.

Et tout le reste se continuera de même jusqu'au moment où Cabocini casse son violon sur la tête de Dufouillis.

Seulement l'annonce de Grospoulot sera modifiée ainsi : chaque ville devra choisir le théâtre d'une localité voisine, pour y envoyer Fortenquille, et à partir de cette phrase de Grospoulot :

Cela, Messieurs et Mesdames, vous prive seulement d'une scène de ce bel ouvrage del signor Cabocini.

Il faudra dire :

GROSPOULOT.

Cela, Messieurs et Mesdames, nous empêche de continuer ce bel ouvrage del signor Cabocini.

CABOCINI.

Si Signor.

GROSPOULOT.

Del signor Cabocini, ce roi de la mélodie, de ce puissant génie appelé à surpasser tous ses rivaux.

CABOCINI.

Direttor, mon ami! viprego... viprego !

GROSPOULOT.

Mais les billets d'aujourd'hui serviront pour demain, et ceux qui voudront suivre à..... le ténor qui nous manque ici, trouveront des contremarques au contrôle et des voitures à la porte du théâtre.

CABOCINI.

Mais mon final, mon final ?

GROSPOULOT, impatienté.

Eh bien ! oui, eh bien ! oui, le final n'était pas mal, mais le milieu.

CABOCINI.

Le milieu ?

GROSPOULOT.

C'était mouche ! (Il sort en entraînant les artistes en scène.)

CABOCINI.

Mouche ! il a dit mouche !

Jusqu'au violon brisé sur la tête de Dufouillis qui terminera l'acte.

Depuis le cinquième tableau, mettre partout où se trouve comme titre de l'opéra le Violon enchanté, le Croissant enchanté.

A la fin de la pièce, les théâtres qui n'ont pas de ballet termineront par un apothéose avec flammes de Bengale. Les flammes après le vaudeville final.

FIN

www.ingramcontent.com/pod-product-compliance
Ingram Content Group UK Ltd.
Pitfield, Milton Keynes, MK11 3LW, UK
UKHW021741090726
13657UKWH00002B/856